MIX
Papier aus verantwortungsvollen Quellen
Paper from responsible sources
FSC® C105338

Philipp Kramp

Der Wohlfahrtsstaat in der Krise

Eine vergleichende Fallstudie
zum Wandel des Wohlfahrtsstaates
in der Wirtschaftskrise

Diplomica Verlag GmbH

Kramp, Philipp: Der Wohlfahrtsstaat in der Krise: Eine vergleichende Fallstudie zum
Wandel des Wohlfahrtsstaates in der Wirtschaftskrise.
Hamburg, Diplomica Verlag GmbH 2013

Buch-ISBN: 978-3-8428-9503-4
PDF-eBook-ISBN: 978-3-8428-4503-9
Druck/Herstellung: Diplomica® Verlag GmbH, Hamburg, 2013

Bibliografische Information der Deutschen Nationalbibliothek:
Die Deutsche Nationalbibliothek verzeichnet diese Publikation in der Deutschen
Nationalbibliografie; detaillierte bibliografische Daten sind im Internet über
http://dnb.d-nb.de abrufbar.

Das Werk einschließlich aller seiner Teile ist urheberrechtlich geschützt. Jede Verwertung außerhalb der Grenzen des Urheberrechtsgesetzes ist ohne Zustimmung des Verlages unzulässig und strafbar. Dies gilt insbesondere für Vervielfältigungen, Übersetzungen, Mikroverfilmungen und die Einspeicherung und Bearbeitung in elektronischen Systemen.

Die Wiedergabe von Gebrauchsnamen, Handelsnamen, Warenbezeichnungen usw. in diesem Werk berechtigt auch ohne besondere Kennzeichnung nicht zu der Annahme, dass solche Namen im Sinne der Warenzeichen- und Markenschutz-Gesetzgebung als frei zu betrachten wären und daher von jedermann benutzt werden dürften.

Die Informationen in diesem Werk wurden mit Sorgfalt erarbeitet. Dennoch können Fehler nicht vollständig ausgeschlossen werden und die Diplomica Verlag GmbH, die Autoren oder Übersetzer übernehmen keine juristische Verantwortung oder irgendeine Haftung für evtl. verbliebene fehlerhafte Angaben und deren Folgen.

Alle Rechte vorbehalten

© Diplomica Verlag GmbH
Hermannstal 119k, 22119 Hamburg
http://www.diplomica-verlag.de, Hamburg 2013
Printed in Germany

Inhaltsverzeichnis

Inhaltsverzeichnis 1

1. Einleitung 3

2. Der Wohlfahrtsstaat 6

    2.1 Definition 6

    2.2 Bedeutung des Wohlfahrtsstaates 9

    2.3 Klassifikation von Wohlfahrtsstaaten 12

    2.4 Bisherige Herausforderungen der Wohlfahrtsstaaten 13

        2.4.1 Globalisierung 14

        2.4.2 Demographie 15

        2.4.3 Arbeitslosigkeit 16

        2.4.4 Europäisierung 17

        2.4.5 Neue Soziale Risiken 18

        2.4.6 Zwischenfazit 20

3. Theorien zur Veränderung des Wohlfahrtsstaates 22

4. Wirtschaftskrise 27

    4.1 Ablauf der Wirtschaftskrise 28

    4.2 Wirtschaftskrise in Deutschland 33

    4.3 Wirtschaftskrise im Vereinigten Königreich 34

    4.4 Wirtschaftskrise in Griechenland 34

    4.5 Zwischenfazit 36

5. Fallstudien 39

    5.1 Die Wirtschaftskrise und der deutsche Wohlfahrtsstaat 39

        5.1.1 Aufbau Wohlfahrtsstaat 39

5.1.2 Auswirkungen der Wirtschaftskrise auf Deutschland 41

5.1.3 Einschnitte in den Wohlfahrtsstaat 43

5.1.4 Fazit 45

5.2. Die Wirtschaftskrise und der Wohlfahrtsstaat im Vereinigten Königreich 47

5.2.1 Aufbau Wohlfahrtsstaat 47

5.2.2 Auswirkungen der Wirtschaftskrise im Vereinigten Königreich 48

5.2.3 Einschnitte in den Wohlfahrtsstaat 49

5.2.4 Fazit 54

5.3. Die Wirtschaftskrise und der griechische Wohlfahrtsstaat 56

5.3.1 Aufbau Wohlfahrtsstaat 56

5.3.2 Auswirkungen der Wirtschaftskrise in Griechenland 58

5.3.3 Einschnitte in den Wohlfahrtsstaat 59

5.3.4 Fazit 60

6. Fazit 63

6.1 Abschluss 63

6.2 Ausblick 69

Literaturverzeichnis 73

1. Einleitung

Seit 2008 wird die Welt in Atem gehalten durch die Finanzkrise, die Wirtschaftskrise und die Eurokrise. Die Krise war das bestimmende politische Thema in den vergangenen Jahren. Sie wurde meist in Hinblick auf ihre globale Bedeutung und Auswirkung sehr drastisch rezipiert.

> „Im Hinblick auf die Zähmung des wildgewordenen Finanzkapitalismus kann sich niemand über den majoritären Willen der Bevölkerung täuschen. Zum ersten Mal in der Geschichte des Kapitalismus konnte im Herbst 2008 das Rückgrat des finanzmarktgetriebenen Weltwirtschaftssystems nur noch mit den Garantien von Steuerzahlern vor dem Zusammenbruch gerettet werden. Und diese Tatsache, dass sich der Kapitalismus nicht mehr aus eigener Kraft reproduzieren kann, hat sich seitdem im Bewusstsein von Staatsbürgern festgesetzt, die als Steuerbürger für das „Systemversagen" haften müssen." [Habermas, 2010].

Zur Bekämpfung der Krise und zur Rettung des Wirtschaftssystems mussten die Staaten die Staaten mit ihrer Autorität einschreiten und immense Kapitalmittel einsetzten. Auf die Krise wurde mit großen Konjunkturprogrammen, im Sinne einer klassischen keynesianistischen[1] Investitionspolitik reagiert. Diese sollte zu einer Generierung von Wirtschaftswachstum und damit zur Überbrückung der ausgefallenen privatwirtschaftlichen Nachfrage beitragen, hatte zeitgleich aber einen enormen Anstieg der öffentlichen Verschuldung zur Folge.

> „Governments were passing emergency budgets with deficit spending to kickstart the economy. [...] „The financial crisis was replaced by the European budget crisis and governments across Europe have started to cut-back the public sector in order to please the financial markets, which caused the problem in first instance." [Hermann, 2010: 314].

Um diese hohe Verschuldung aufzufangen, setzten viele Regierungen Sparpakete um, kürzten Sozialleistungen oder Steuerermäßigungen. Mit diesem Zusammenhang zwischen Wirtschaftskrise und Kürzungen im Wohlfahrtsstaat beschäftigt sich die vorliegende Studie. Der Zusammenhang ist nicht direkt, vielmehr wird der Druck auf den Sozialstaat durch die gestiegene Staatsverschuldung ausgeübt.

---

[1] Unter der Wirtschaftsschule des Keynesianismus wird in diesem Zusammenhang die Kompensation ausfallender Wirtschaftskraft in Zeiten einer ökonomischen Krise durch die Steigerung der Staatsausgaben verstanden.

Keynesianistische Investitionspolitik durchbrach das "fiskalisische Regime der Austerität"[2]. Die Stabilisierung der Nachfrage der Wirtschaft und teuren Bankenrettungsmaßnahmen zur Stabilisierung des Finanzsektors standen im politischen Mittelpunkt. Zusammen mit gesunkene Steuer- und Abgabeneinnahmen, die aus einer höheren Arbeitslosigkeit, niedrigeren Beschäftigung und Unternehmensinsolvenzen resultieren, setzten diese Faktoren die ohnehin strapazierten nationalen Budgets unter zusätzlichen Konsolidierungsdruck. Einige Staaten bekamen Probleme mit der Kapitalbeschaffung am Finanzmarkt, darunter unser Fallbeispiel Griechenland. Diesem Problem abzuhelfen, mussten Sparmaßnahmen zur Reetablierung des Vertrauens der Finanzmärkte in die Solvenz der Staaten, ergriffen werden. Allerdings sahen und sehen sich auch Staaten, die einen Zugang zum Kapitalmarkt noch haben ernsthaften Druck gegenüber, Einsparungen vorzunehmen. Barbara Vis et al schlussfolgern:

> „The contours of a third phase[3] have become apparent now that budgetary constraints are forcing political actors to make tough choices and introduce austerity policies. [...] Cutbacks of social expenditure are entering the agenda, but it remains to be seen how this will pay out." [Vis, 2011: 338f].

Die Studie steht unter der Fragestellung „Welchen Einfluss hatte die Wirtschafts-, Finanz- und Eurokrise auf den Wohlfahrtsstaat?" Erwartet wird dabei eine Erkenntnis über einem signifikanten Auf- oder Abbau des Wohlfahrtsstaates während der Wirtschaftskrise, über Unterschiede und Gemeinsamkeiten in den Fallbeispielen bei möglichen Einschnitten in den Wohlfahrtsstaat und ein Erkenntnisgewinn aus der Spiegelung von Theorie und Empirie.

Die Hypothese für die vorliegende Studie lautet: „Es ist in allen Wohlfahrtsstaaten zu Einschnitten gekommen, die Größe der Einschnitte richtet

---

[2] Gemäß Wolfgang Streeck, siehe Kapitel 2.4.6.
[3] Als die beiden ersten Phasen der Wirtschaftskrise bezeichnen die Autoren die Bankenrettungen und die keynesianistische Investitionspolitik.

sich nach der Betroffenheit der Volkswirtschaft durch die Wirtschaftskrise."

Einige methodische Probleme können in der Studie nicht ausgeblendet werden. Die globalisierte Wirtschaft unterliegt, besonders im Sektor der Finanzwirtschaft einer starken Verknüpfung. Nationalstaatliche Ereignisse können internationalen Einfluss haben. Auch können Reformen des Nationalstaates aus ideologischen Gründen, beispielsweise nach einem Regierungswechsel erfolgt sein. Diese Regierungswechsel fanden in allen Fallbeispielen statt. Auf Grund der Aktualität des Untersuchungsthemas kann hier kein Anspruch auf Vollständigkeit erhoben werden. Die Wirtschaftskrise ist nicht abgeschlossen und aktuell wird öffentlich über eine mögliche Staatenpleite oder Bankenpleiten in Spanien diskutiert [Münchau, 2012]. Eine derartige Entwicklung kann viele der Erkenntnisse verändern. In der Studie sind alle Ereignisse bis mindestens Ende Mai 2012 berücksichtigt.

Es ist zur Verifikation oder Falsifikation der Hypothese eine vergleichende Fallstudie erstellt. Hierzu sind vorab der Wohlfahrtsstaat (Kapitel 2) und die Wirtschaftskrise (Kapitel 4) in ihren wesentlichen Grundzügen beziehungsweise Ereignissen geklärt. Im Kapitel 3 sind die nötigen Theorievoraussetzungen für die Studie aufbereitet. Am Ende des 4. Kapitels ist ein kurzes Zwischenfazit gezogen, um die vorangegangenen Kapitel für die Fallauswahl zusammenzufassen. Die Fallstudien folgen im Kapitel 5. Hierzu sind die Bundesrepublik Deutschland, das Vereinigte Königreich[4] und Griechenland ausgewählt. Alle drei haben gemein, dass sie stark von der Wirtschaftskrise betroffen sind, wobei wir in jedem Land andere Resultate beobachten. Im Kapitel 6 ist die Studie mit einem Fazit abgerundet und auf Grund der Aktualität des Forschungsgegenstandes sind einige mögliche Entwicklungen aufgezeigt.

---

[4] Der offizielle Name lautet: „Vereinigtes Königreich Großbritannien und Nordirland". Dem im deutschen Sprachgebrauch geläufigen Namen „Großbritannien" wird nicht gefolgt. Es ist der Name „Vereinigtes Königreich" oder das international geläufige Kürzel „UK" verwandt.

2. Der Wohlfahrtsstaat

Im folgendem Kapitel ist der Wohlfahrtsstaat für die vorliegende Studie definiert, seine Bedeutung innerhalb des Nationalstaats dargestellt und der Wohlfahrtsstaat klassifiziert. Im letzten Teil dieses Kapitels sind bisherige Herausforderungen der Wohlfahrtsstaaten angesprochen, um die Diskussion zur „Krise" des Wohlfahrtsstaates der letzten Jahre nachzuzeichnen. Die behandelten Themen sind: Demografie, Globalisierung, Arbeitslosigkeit, neue soziale Risiken und Europäisierung.

2.1 Definition

Es gibt keine allgemein anerkannte Definition für den Begriff „Wohlfahrtsstaat". Vielmehr begegnen uns bei dem Versuch, für die vorliegende Studie eine Arbeitsdefinition aufzustellen, zwei Probleme. Erstens, wird der Begriff Wohlfahrtsstaat häufig synonym mit weiteren Begriffen benutzt, beispielsweise Sozialstaat, Sozialpolitik, soziale Frage, Arbeiterfrage, Sozialreform, soziale Marktwirtschaft, sozialer Rechtsstaat, System der sozialen Sicherung und Gesellschaftspolitik sowie die gebräuchlichen englischen Begriffe social security, welfare policy und welfare state [Köppe, 2008: 5].

Als zweites Problem begegnet uns die inhaltliche Analyse dieses Begriffes. Welche gesellschaftlichen Teilbereiche werden zum Wohlfahrtsstaat gezählt? Auch hierbei gibt es innerhalb der Sozialwissenschaft keine einheitliche Auffassung und keine allgemein gültige Definition. Vielmehr definieren alle Autorinnen und Autoren zum Thema Wohlfahrtsstaat eigenständig.

Es soll nun versucht werden, sich beiden Problemen zu nähern, indem einige der Definitionsansätze betrachtet werden und die zielführenden Merkmale für die vorliegende Studie zusammengefasst werden.

Staatsausgaben für den Wohlfahrtsstaat können teilweise für die Quantifizierung der Größe des Wohlfahrtsstaates und die Klassifizierung der Wohlfahrtsstaaten verwendet werden[5]. Auch hierbei ist aber nicht allge-

---

[5] Diese Klassifizierungen sind in Kapitel 2.3 dargelegt.

mein anerkannt, welche Bereiche der staatlichen Ausgaben den wohlfahrtsstaatlichen Ausgaben zuzurechnen sind. Die staatlichen Ausgaben sind zwar der Hauptbestandteil der Ausgaben des Wohlfahrtsstaates, aber nicht die einzigen. Vielmehr ist der Staat der wichtigste Wohlfahrtsstaatproduzent[6]. Daneben finden sich aber mit Kirchen, Wohlfahrtsverbänden, Betrieben, Berufsständen und Betriebsständen weitere Wohlfahrtsproduzenten [ebd.: 11f]. Gleichwohl ist diese Größe äußerst fehlerbehaftet, wie Peter Strake et al feststellen:

> „Expenditure is but one indicator of policy change, and a problematic one [...]. For example, it could be that social expenditure rates increase in times of economic crisis as a consequence of more unemployed people claiming benefits, while policies do not change at all." [Starke, 2011:2].

Es kann also zu einer Änderung der quantitativen Größe des Wohlfahrtsstaates kommen, ohne eine Veränderung der Sozialleistungen, ebenso zu einer Verkleinerung. Dies tritt beispielsweise ein, wenn vermehrt oder vermindert Sozialleistungen nachgefragt werden oder aber das BIP als Referenzgröße wächst oder schrumpft. Eine Näherung über einen quantitativen Wohlfahrtsstaatsbegriff scheint damit nicht vielversprechend, vielmehr muss der Begriff qualitativ gefasst werden.

Einige der Begriffe sind sicherlich inhaltlich identisch und werden nur alternativ genutzt. In dieser Studie möchte ich mich auf die Begriffe Wohlfahrtsstaat, Sozialstaat, Sozialpolitik und Sozialversicherungssystem stützen.

Sozialpolitik definieren Gerhard Bäcker et al wie folgt:

> „Es handelt sich um all jene Maßnahmen, Leistungen und Dienste, die darauf abzielen, dem Entstehen sozialer Risiken und Probleme vorzubeugen, die Voraussetzungen dafür zu schaffen, dass Bürgerinnen und Bürger befähigt werden, soziale Probleme zu bewältigen, die Wirkungen sozialer Probleme auszugleichen und die Lebenslage einzelner Personen oder Personengruppen zu sichern und zu verbessern." [Bäcker, 2008: 43].

Sozialpolitik ist allerdings nicht statisch. Sozialpolitik reagiert auf soziale Probleme und wird gesellschaftlich definiert bzw. unterliegt den gesellschaftlichen Verteilungskämpfen. Hier liegt ein Bild von sozialer Gerechtigkeit zu Grunde, auch dieses wandelt sich und beruht auf der gesell-

---

[6] Dies gilt zumindest, solange man die heimische, familiäre Wohlfahrtsproduktion unberücksichtigt lässt.

schaftlich-normativen Auseinandersetzung mit den Begriffen Freiheit, Sicherheit und Gleichheit. Das Auffassung von sozialer Gerechtigkeit definiert soziale Probleme und die sozialpolitischen Maßnahmen, die zu ergreifen sind, um dem Problem abzuhelfen [Bäcker, 2008: 53f]. „Als gesellschaftliches Arrangement unterliegt ein Sozialstaat der Dynamik sich wandelnder Machtkonstellationen, parlamentarischer Mehrheitsverhältnisse und allgemeinen Stimmungslagen." [Butterwegge, 2012: 21].

Wohlfahrtsstaat und Sozialstaat wiederum werden meist alternativ verwendet[7]. Die Definition fußt auf der Definition von Sozialpolitik. Bäcker et al definieren wie folgt:

> „Sozialpolitik setzt sich aus einer Vielzahl von Maßnahmen, Leistungen und Diensten zusammen, die durch unterschiedliche Institutionen, Einrichtungen und Akteure bereitgestellt bzw. angeboten werden. Dieser Gesamtkomplex lässt sich auch als Sozialstaat oder Wohlfahrtsstaat bezeichnen." [Bäcker, 2008: 44].

Der Wohlfahrtsstaat umfasst sowohl rechtliche Normen, als auch die Institutionen, die damit beauftragt sind, Sozialpolitik umzusetzen. Der Begriff ist aber auch „Ausdruck für die aktive, gestaltende Rolle, die der demokratische Staat im wirtschaftlichen und gesellschaftlichen Leben einnimmt und kennzeichnet [...] einen Gesellschaftstyp, der eine entwickelte marktwirtschaftlich-kapitalistische Ökonomie mit dem Prinzip des sozialen Ausgleichs verbindet." [ebd.: 44]. Der Begriff Wohlfahrtsstaat gibt damit ein doppelschneidiges Konzept an, auf der einen Seite ist er der Status quo aller Normen, Regelungen und Institutionen in der Sozialpolitik damit die Gesamtheit der Sozialpolitik, gleichzeitig auch ein normativ aufgeladenes Bild der Verbindung von Sozialpolitik und kapitalistischer Ökonomie. Da wir uns in den Fallbeispielen ausschließlich in kapitalistischen Systemen bewegen, kann zweites vorausgesetzt werden.

Sozialversicherungssystem oder „System der sozialen Sicherung" definiert den institutionellen Rahmen, in dem sich Sozialpolitik darstellt. Der Begriff gibt die Gesamtheit aller Institutionen des Sozialstaats an [Butterwegge, 2012: 11].

---

[7] Neben Bäcker et al setzt auch Jans Alber die Begriffe Sozialstaat und Wohlfahrtsstaat gleich [Butterwegge, 2012: 18]. Dies soll auch in der vorliegenden Arbeit geschehen.

Demgemäß bezeichnet Wohlfahrtsstaat die institutionelle Ebene (Sozialversicherungssystem) und die inhaltliche Ebene der Sozialpolitik.

2.2 Bedeutung des Wohlfahrtsstaates

Welche Bedeutung der Wohlfahrtsstaat innerhalb der Gesellschaft übernimmt, was seine Aufgaben sind und welche Einflüsse er ausübt, ist ebenfalls umstritten. Es liegen mittlerweile rund 100 Jahre Diskussion um den Wohlfahrtsstaat und damit ein Wandel der Auffassungen zu Grunde.

Für die deutsche Debatte als einer der grundlegenden Autoren gilt Alfred Müller-Armack. Dieser hat 1947 in seiner Veröffentlichung „Wirtschaftslenkung und Marktwirtschaft" die Aufgabe des Wohlfahrtsstaates in der sozialen Marktwirtschaft beschrieben. Sozialpolitik und Marktwirtschaft sind vereinbar, da die Marktwirtschaft keine „schlechthin antisoziale, das heißt, dem Interesse des wirtschaftlich Stärkeren dienende Ordnung [ist]." [Müller-Armack, 1947: 107]. Allerdings müssen „wir [...] im Interesse der sozialen Ziele eine marktwirtschaftliche Umorientierung der Sozialpolitik vornehmen.." und die sozialpolitischen Eingriffe müssen „sinnvoll in den marktwirtschaftlichen Austausch eingliedert werden, ohne dieses Instrument zu stören." [ebd.: 107f]. Sozialpolitik sollte nach Müller-Armack nur durch eine Verschiebung von Kaufkraft durchgeführt werden [ebd.: 109]. Die Aufwendungen für Sozialpolitik müssen entsprechend erst durch die kapitalistische Wirtschaft erwirtschaftet werden. Der Wohlfahrtsstaat ist damit ein Resultat einer erfolgreichen Marktwirtschaft und wird von dieser finanziert.

Anders betrachtete Karl Polanyi beispielsweise die Sozialpolitik. Mit der industriellen Revolution ist das Wirken des Marktes in die Tiefen der Gesellschaft vorgedrungen und hat sich alle Waren, Dienstleistungen, Produktionen etc. unterworfen. Gleichzeitig wurde der Siegeszug des Kapitalismus und des Marktes begleitet durch die Entwicklung von staatlichen Institutionen und Regelungen und damit des Wohlfahrtsstats. „Society protected itself against the perils inherent in a self-regulating market system" [Polanyi, 1965: 76]. Der Wohlfahrtsstaat hat damit nach Polanyi die Aufgabe, die Gesellschaft vor dem Markt und seiner Ausbeutung zu schützen.

Eduard Heimann sieht in seinem Werk „Soziale Theorie des Kapitalismus" von 1929 wiederum die Entwicklung des Wohlfahrtsstaates in der Arbeiterklasse, welche der Antrieb für die Entwicklung des Wohlfahrtsstaats war. Damit war das Aufkommen des Kapitalismus, durch das zeitgleiche Entstehen der Arbeiterklasse, der Auslöser für die Entwicklung des Sozialstaates. Der Wohlfahrtsstaat ist das Gegenstück des Kapitalismus, grenzt sich von diesem ab und ist Schutzmechanismus der Arbeiterinnen und Arbeiter gegen den Kapitalismus. Der Kapitalismus akzeptiert den Wohlfahrtsstaat, wenngleich als Fremdkörper, aber als produktionspolitische Notwendigkeit, damit dieser sich nicht selbst ruiniert. Damit hat der Wohlfahrtsstaat ein konservativ-revolutionäres Doppelwesen, sichert er den Status quo und höhlt gleichzeitig den Kapitalismus aus. Sozialpolitik existiert damit nur im Kapitalismus [Labitzke, 2010: 101f].

Zu den Gründen der Herausbildung des Wohlfahrtsstaates existieren drei widerstreitende Theorien: der Machtressourcenansatz, der Funktionalismus und der Institutionalismus.

Der Machtressourcenansatz geht vom politischen Kräfteverhältnis und der Repräsentation der Arbeiterklasse im Nationalstaat aus, wie das auch Eduard Heimann charakterisiert. Die Theorie wird auch später als Erklärung zur Herausbildung des sozialdemokratischen Wohlfahrtsstaates[8] verwandt, der sozialdemokratische Regierungsbeteiligungen über eine lange Zeit voraussetzt[9].

Der Funktionalismus sieht in der Entwicklung des Wohlfahrtsstaates eine Antwort auf die sozioökonomischen Veränderungen der damaligen Zeit. Die Industrialisierung machte die Herausbildung von Sozialstaaten notwendig. Das Aufbrechen der Familienstrukturen erforderte eine neue Ver-

---

[8] Siehe Klassifikation des Wohlfahrtsstaats in Kapitel 2.3.
[9] Es wird in der Wissenschaft durchaus davon ausgegangen, dass eine linke Regierung über einen langen Zeitraum zu einem anderen Wohlfahrtsstaat führt, als eine rechte Regierung [Lierse, 2012: 3].

sorgung von Kranken, Rentnerinnen und Rentner und Arbeitslosen. Sozialpolitik erwächst damit aus einem ökonomischen Zwang. Die Grundauffassungen dieser Gruppe ähneln den Auffassungen Müller-Armacks.

Der Institutionalismus, mit dem Vertreter Karl Polanyi, sieht die Herausbildung des Wohlfahrtsstaates im Zusammenhang mit den neu geschaffenen politischen Institutionen. Mit der Industrialisierung ging auch eine politische Umwandlung einher. Es entstanden Parlamente, der Zentralstaat und Bürokratien. Allerdings ist umstritten, ob diese Elemente die Einführung des Sozialstaates beschleunigten oder verlangsamten. Die Empirie geht davon aus, dass sich Sozialstaaten früher in autokratischen und zentralistischen Systemen herausbildeten. Die Einführung von Bürokratie ermöglichte vielmehr die Einführung von Sozialstaaten [Köppe, 2008: 16f]. Die Theorien stehen aber nicht grundsätzlich im Widerspruch zueinander. Vielmehr bedingen sich auch Entwicklungen, die in der einen Theorie aufgezeigt werden, für Entwicklungen in einer anderen Theorie. Beispielsweise hat das Aufkommen der kapitalistischen Produktionsweise zur Herausbildung der Arbeiterklasse geführt. Dies stellt der Machtressourcenansatz in den Mittelpunkt. Die kapitalistische produktionsweise hat aber auch zur sozioökonomischen Veränderung der damaligen Zeit geführt, was widerum der Funktionalismus beschreibt. Mit der Herausbildung der Arbeiterklasse gingen auch Strukturänderungen etwa die Bildung von demokratischen Parlamenten der Nationalstaaten einher. Dies stellt der Institutionalismus in den Mittelpunkt.

Zusammenfassend beschreibt Christoph Butterwegge die Bedeutung der Sozialpolitik innerhalb eines kapitalistischen Systems:

> „Sozialpolitik ist Sisyphusarbeit, weil sie ihr Endziel – gleiche Entwicklungsmöglichkeiten für alle Gesellschaftsmitglieder herzustellen – nie erreicht, aber immer wieder Teilerfolge hinsichtlich der Schaffung sozialer Gerechtigkeit aufzuweisen hat, die ohne ihre Bemühungen ausbleiben würden. Das wohlfahrtsstaatliche Arrangement verbindet den Markt, die Familie und den Staat als Sphären der gesellschaftlichen Reproduktion so miteinander, dass sich der Kapitalismus relativ frei entfalten kann, ohne seiner Verantwortung für Leistungsschwächere und sozial Benachteiligte völlig zu entfliehen. Die sozialstaatliche Intervention bezweckt über notwendige Korrekturen der primären Einkommensverteilung hinaus, dass niemand durch die Folgen des privaten Gewinnstrebens anderer in seiner physischen Existenz, persönlichen Entwicklungen und soziokulturellen Entfaltung gefährdet wird." [Butterwegge, 2012: 15].

2.3 Klassifikation von Wohlfahrtsstaaten

Das bedeutendste Modell zur Klassifikation von Wohlfahrtsstaaten stammt von Goran Esping-Andersen. Bis zu diesem Zeitpunkt dominierten weitestgehend Klassifizierungen der Wohlfahrtsstaaten nach der quantitativen Größe der Sozialausgaben, allerdings geben diese keine Information über interne Umverteilungsmaßnahmen und die Wirksamkeit der Maßnahmen wider [Esping-Andersen, 1999: 19f]. In seinem Buch „The Three Worlds of Welfare Capitalism" unterscheidet er zwei grundlegende Merkmale, nach denen man die Wohlfahrtsstaaten klassifizieren kann. Dies sind erstens die Dekommodifizierung und zweitens die Stratifizierung von Wohlfahrtsstaaten. Unter dem Begriff Dekommodifizierung subsummiert er die Unabhängigkeit der Arbeitskraft vom Markt, hierbei die Frage, wie unabhängig der Mensch vom Markt ist, also wie wenig er gezwungen ist, seine Arbeitskraft am Markt zu verkaufen [Esping-Andersen, 1990: 35-54]. Die Stratifizierung beschreibt die Schichtung der Gesellschaft, also die Ausprägung einer Klassenstruktur und wie diese durch den Wohlfahrtsstaat gefördert oder durchbrochen wird.

> „The welfare state is not just a mechanism that intervenes in, and possibly corrects, the structure of inequality, it is, in its own right, a system of stratification. It is an active force in the ordering of social relations."[10] [ebd., 1990: 23].

Aus dieser Unterscheidung nimmt Esping-Andersen eine Klassifizierung von drei verschiedenen Wohlfahrtsstaatstypen vor. Dies sind der liberale (niedrige Dekommodifizierung), der konservative (mittlere Dekommodifizierung) und der sozialdemokratische (hohe Dekommodifizierung) Wohlfahrtsstaat [ebd.: 26-33]. Unsere Fallbeispiele klassifiziert Esping-Andersen als liberaler (UK) und konservativer (Deutschland) Wohlfahrtsstaat. Eine explizite Einteilung von Griechenland nimmt er nicht vor, allerdings hat er eine hohe Tendenz alle Wohlfahrtsstatten Südeuropas als konservative Wohlfahrtsstaaten zu klassifizieren [ebd., 26-28]. Die Eintei-

---

[10] Auf die Stratifizierung soll im Folgenden nicht eingegangen werden, da diese auch nach Esping-Andersen nicht einfach zu messen ist.

lung der Wohlfahrtsstaaten Südeuropas ist mehrfach kritisiert worden[11]. So bilden sowohl Stephan Leibfried, Maurizio Ferrera und Guiliano Bonoli für Südeuropäische Staaten eine eigene Kategorie und fassen diese Staaten unter die Begriffe „Latin Rim" (Leibfried) und „Southern" (Ferrera und Bonoli) zusammen [Arts, 2002: 142-146]. Die Klassifizierung Esping-Andersens bildet Idealtypen, es kommt innerhalb dieser zu Ausprägungen, die für den gesamten nationalen Wohlfahrtsstaat untypisch sind, beispielsweise den National Health Service (NHS) im Vereinigten Königreich. Hier wird die gesamte Gesundheitswirtschaft von einer staatlichen Organisation getragen, statt privatwirtschaftlich, individuell organisiert, wie nach dem Schema zu erwarten wäre [Klenk, 2010b: 34].

Für unsere Fallstudie sind die Klassifikationen nicht hilfreich. Vielmehr bleibt folgendes festzuhalten: Esping-Andersen beschreibt die Unterschiedlichkeit von Wohlfahrtsstaaten, es gibt entsprechend nicht den einheitlichen Wohlfahrtsstaat und damit müssen wir davon ausgehen, dass Wohlfahrtsstaaten auf Grund ihres unterschiedlichen Aufbaus auf die Einflüsse unterschiedlich reagieren.

2.4 Bisherige Herausforderungen der Wohlfahrtsstaaten

Bereits in den 1970er Jahren stellte die weltweite Ölkrise und seither das geringe Wirtschaftswachstum die finanzielle Basis des Sozialstaats zunehmend in Frage. „In recent years [the welfare state] has become a major political concern." [Pierson, 2006: 242] Dies ist besonders auf die Globalisierung, die demografische Entwicklung der Gesellschaft und die damit verbundene Alterung der Gesellschaft, der hohen Arbeitslosigkeit, der Europäisierung, der veränderten Sozialstruktur und der damit verbundenen neuen sozialen Risiken zurückzuführen. Sie sind aber nicht unabhängig

---

[11] Neben der Einteilung der Südeuropäischen Wohlfahrtsstaaten wird meist noch kritisiert, dass Esping-Andersen ein sehr konservatives Bild von Familie seiner Theorie zu Grunde legt. Dieses blendet die Zwänge der Familienarbeit, die weitestgehend von Frauen getragen wird und damit ihre Möglichkeit am Arbeitsmarkt teilzunehmen reduziert, aus [Arts, 2002:147-148]. Weiterhin wird der Umgang mit dem Wohlfahrtsstaaten Osteuropas und Ostasiens kritisiert, die in der klassischen Klassifikation von Esping-Andersen ebenfalls nicht auftreten [Pierson, 2006:173ff; Hudson, 2012: 35-60; Ferragina, 2011: 583-598].

voneinander zu werten, vielmehr gibt es Rückschlüsse beispielsweise von Globalisierung und hoher Arbeitslosigkeit, neuen sozialen Risiken und Arbeitslosigkeit oder Demographie und neuen sozialen Risiken.

2.4.1 Globalisierung

Der Prozess der Globalisierung, so wird argumentiert, setzt den gesamten Wohlfahrtsstaat unter Druck. Es stehen nicht nur Unternehmen gegenseitig in Konkurrenz, vielmehr befinden sich auch Staaten in einer andauernden Konkurrenz um beste Standortbedingungen. Kapital und Arbeit werden als flüchtig angesehen und können jederzeit global verlegt werden. Die Größe des Sozialstaats und das Leistungsniveau wirken sich auf die gesamtwirtschaftlichen Kosten aus. Güterproduktion ist teurer in Ländern mit ausgebautem Wohlfahrtsstaat zu organisieren [Bäcker, 2008: 75].

Dieser Druck ergibt sich aus der internationalen Öffnung der Gesellschaften und Wirtschaften. Die Folgen sind beispielsweise in Schweden zu beobachten. Nach der Liberalisierung seines Wirtschaftssystems, also dem Abbau von Handelsschranken, Privatisierungen etc. hat Schweden mit steigender Kapitalflucht ins Ausland und sinkenden Investitionen zu kämpfen. Dies führte zum Erodieren des „nationalen Sozialpakts", was sowohl linke, als auch rechte politische Kräfte dazu veranlasste, Einschnitte in den Sozialstaat vorzunehmen [Esping-Andersen, 1996: 4f].

Dieser Wettbewerb zwischen den Staaten und der damit folgende Anpassungsdruck auf die Wohlfahrtsstaaten führt zu einem „race-to-the-bottom", also einem Wettlauf um den niedrigsten Sozialstandard und die geringsten Ausgaben für den Sozialstaat. Dies lässt sich zwar an Einzelbeispielen nachvollziehen, aber insgesamt empirisch nicht belegen [Pierson, 2006: 206].

2.4.2 Demographie

Ursache für das Problem der ansteigenden durchschnittlichen Alterung der Gesellschaft sind die niedrigen Fertilitätsraten, also die Anzahl von Geburten pro Frau und die gestiegene Lebenserwartung [Pierson, 2006: 212f].

Es ergeben sich damit im Wesentlichen zwei Probleme für den Sozialstaat. Erstens sind die Gesundheitsausgaben für die zunehmende Zahl von Menschen, die 75 Jahre und älter sind, deutlich höher. Sie liegen im Durchschnitt bei dem 2,5-fachen eines Menschen zwischen 65 und 75 Jahren ebd.: 213]. Eurostat schätzt, dass der Anteil von Menschen von 80 Jahren und mehr von 4,7% der Gesamtbevölkerung in der EU-27 in 2010 auf 7% in 2030 ansteigt und projiziert einen weiteren Anstieg auf 12% bis 2060 [Eurostat, 2012a]. Das zweite Problem wird sich für die Rentenzahlungen ergeben. Grund hierfür ist die Verschiebung des Anteils der Rentnerinnen und Rentner an der Gesamtbevölkerung. Dieser Anteil wird mit dem sog. Altenquotient gemessen. Er gibt das Verhältnis zwischen Menschen im Rentenalten (65 Jahre und älter) und Menschen im Alter von Erwerbstätigen (15-64) an. Laut Eurostat betrug er für die EU-27 im Jahr 2010 25,9%. Das entspricht 0,259 Menschen im Rentenalter auf einen Menschen im Alter der definierten Erwerbsfähigkeit. Im Jahr 2030 wir diese Quote auf 38,3% vorausberechnet und im Jahr 2060 auf 52,6% projiziert [Eurostat, 2012b]. Daraus ergibt sich zwangsläufig, dass – zumindest im umlagefinanzierten Rentensystem[12] - weniger Menschen im Alter der Erwerbstätigkeit mehr Menschen im Rentenalter zu versorgen haben [Wolf, 2011: 149].

Für unsere drei Fallbeispiele lässt sich festhalten, dass die Fertilitätsrate ähnlichen Entwicklungen unterliegt. Alle drei haben ab Mitte oder Ende der 1960er Jahre bis Mitte/ Ende der 1970er Jahre deutliche Einbrüche

---

[12] Umlagefinanzierte Retensysteme beruhen auf einer Zahlung von Arbeitnehmerinnen und Arbeitnehmer direkt an Rentnerinnen und Rentner. Länder mit kapitalgedeckten Rentensysteme (jeder Menschen sorgt über einen Kapitalfonds für seinen eigenen Unterhalt als Rentnerin oder Rentner vor), in denen beispielsweise staatliche Zuschüsse an Rentnerinnen und Rentner ausgezahlt werden oder viele Rentnerinnen und Rentner auf eine steuerfinanzierte Grundrente angewiesen sind, stehen vor ähnlichen Problemen.

von etwa 40% bei der Rate zu verzeichnen (Deutschland von 2,53 im Jahr 1966 auf 1,38 im Jahr 1978; Vereinigtes Königreich von 2,93 im Jahr 1964 auf 1,69 im Jahr 1977 und Griechenland etwas zeitverzögert von 2,56 im Jahr 1968 auf 1,5 im Jahr 1987). Seit dieser Zeit bewegen sich die Fertilitätsraten mit leichten Änderungen weitestgehend um die Höhe der damaligen Werte. Deutschland erreichte 2009 einen Wert von 1,36 und Griechenland einen Wert von 1,52. Bemerkenswert ist die Entwicklung im Vereinigten Königreich. Bis 2002 lag die Fertilitätsrate recht konstant zwischen 1,6 und 1,7 und betrug im Jahr 2002 genau 1,64. Anschließend stieg sie aber deutlich an und erreichte 2009 genau 2,0. In nur sieben Jahren ein Zuwachs um 0,34 Geburten je Frau[13] [Weltbank, 2012].

Esping-Andersen schlussfolgert, unter Bezugnahme der skandinavischen Länder, dass das Problem der niedrigen Fertilitätsraten politisch lösbar ist.

> „The demographic burden is subjected to political management. [...] The ageing problem depends mainly on births. [...] Female employment *and* fertility are record-high in Scandinavia. The welfare state makes a decisive difference because female employment *with* fertility is possible if social services and liberal provisions for leave are available." [Esping-Andersen, 1996: 7].

2.4.3 Arbeitslosigkeit

Arbeitslosigkeit ist in doppelter Hinsicht eine finanzielle Belastung für den Wohlfahrtsstaat. Auf der einen Seite werden Gelder benötigt, um Menschen in Arbeitslosigkeit zu finanzieren und andererseits können Menschen ohne Arbeit keinen Beitrag zu den Sozialversicherungssystemen leisten. „The price of heavy (especially youth and long-term) unemployment, and swelling armies of welfare dependants, the combination of which overburdens social security finances." [Esping-Andersen, 1996: 4]. Hierbei wird die internationale Konkurrenzfähigkeit angeführt, die durch die Globalisierung entstanden ist. Der Wohlfahrtsstaat muss finanzierbar

---

[13] Für diese Veränderung machen die Autoren einer Studie zu Fertilitätsraten in Europa nicht Einwanderung oder sozioökonomische Faktoren verantwortlich, vielmehr führen sie diesen Effekt auf die Politik von New Labour und Tony Blair zur Bekämpfung von Kinderarmut zurück. „It appears that policies intended to improve the quality of children's lives had the unintended effect of increasing the quantity of children born." [RAND Europe, 2011: 12].

sein, um Arbeit in Nationalstaaten entstehen zu lassen [Wolf, 2011: 151ff]. Die Quoten für Arbeitslosigkeit schwankten in den vergangen 20 Jahren recht stark, allerdings lässt sich für alle unsere drei Fälle festhalten, dass sie nie die allgemein anerkannte Quote für Vollbeschäftigung von 3% erreicht haben. Arbeitslosigkeit im Vereinigten Königreich schwankte im Zeitraum von 1990 bis 2007[14] zwischen 4,6% (Tiefstwert im Juni 2005) und 10,4% (Höchstwert im März 1993), in Deutschland zwischen 5,3% (April 1991) und 11,5% (April 2005) und der Wert in Griechenland[15] schwankte zwischen 8,6% (September 2006) und 12,4% (November 1999) [Eurostat, 2012c].

2.4.4 Europäisierung

Europäisierung ist nicht generell eine Herausforderung für den Wohlfahrtsstaat, aber eine Herausforderung für die Produktion von Wohlfahrt. Die Produktion von Wohlfahrt war neben der familiären, kirchlichen, betrieblichen Beteiligung seit der Herausbildung der klassischen Wohlfahrtsstaaten Ende des 19. Jahrhunderts vorwiegend eine nationalstaatliche Angelegenheit. Allerdings lässt eine zunehmende Diskussion eines Europäischen Sozialmodells und Eingriffe der europäischen Gesetzgebung in die nationalstaatliche Sozialpolitik, in erster Linie negativ definiert durch die gemeinsamen Freiheiten, den Handlungsspielraum nationalstaatlicher Sozialpolitik schwinden [Jepsen, 2005:. 233ff]. Gleichzeitig gibt es Befürchtungen, dass eine zunehmende Erweiterung der EU und der damit verbundenen Zoll-, Waren-, Dienstleistungs-, Personen- und Kapitalfreiheit zwischen den EU-Mitgliedsländern ebenfalls zu einem race-to-the-bottom führt [Kvist, 2004:301ff].

---

[14] Dieser Wert ist bewusst vor der Wirtschafts- und Finanzkrise gewählt, mit Arbeitslosigkeit während der Wirtschaftskrise und eventuell als Resultat der Wirtschaftskrise wird sich in späteren Kapiteln befasst.
[15] Für Griechenland liegen Werte nach Eurostat erst ab April 1998 vor.

2.4.5 Neue Soziale Risiken

In den letzten Jahren wurde die Debatte auch zunehmend um neue Risikogruppen des Wohlfahrtsstaates geführt.

> „[The] shift from industrial to post-industrial economies and societies, has resulted in the emergence of new risk groups that clearly do not belong to the traditional clientele of the post-war welfare state and yet are experiencing major welfare losses" [Bonoli, 2006: 3].

Diese Probleme ergeben sich durch vielfältigere Familienstrukturen und eine Veränderung des sozio-ökonomischen Status. Es haben sich sowohl Arbeitsverhältnisse, als auch Familienverhältnisse destandardisiert [ebd.: 5f].

Wesentlicher Punkt ist die Auflösung einer Grundannahme der westlichen Wohlfahrtsstaaten, dass der Großteil der Kindererziehung und Pflege für Eltern und Großeltern durch Frauen innerhalb der familiären Strukturen geleistet wird. Dies hat sich mit der zunehmenden Partizipation von Frauen am Arbeitsmarkt gewandelt. Es wird heute in allen Wohlfahrtsstaaten erwartet, dass diese Aufgabe vermehrt durch den Staat wahrgenommen wird [Pierson, 2006: 223f].

Zugleich veränderte sich die Struktur des Arbeitsmarktes. Das „Goldene Zeitalter"[16] des Wohlfahrtsstaates war durch stabile Strukturen und „Normalarbeitsverhältnisse"[17] gekennzeichnet. In den vergangenen Jahrzehnten kam es zu einer verstärkten Ausbreitung von Teilzeit- und befristeter Beschäftigung. Da Sozialpolitik aber häufig an Arbeit orientiert ist und Maßnahmen beispielsweise Arbeitslosengeld I in Deutschland an bestimmte Bedingungen geknüpft sind, ein Anspruch also erst nach einer gewissen Zeit der Teilnahme am Arbeitsmarkt (mit einer Vollzeiterwerbstätigkeit) erreicht wird, sind einige dieser Instrumente nicht zielführend zur Erreichung von sozialpolitischen Zielen [ebd.: 226]. Der Wohlfahrtsstaat agiert beispielsweise unzureichend bei der Bekämpfung von Armut,

---

[16] Gem. Esping-Andersen, 1996.
[17] Als Normalarbeitsverhältnis wird für gewöhnlich ein unselbstständiges und unbefristetes Arbeitsverhältnis in Vollzeit bezeichnet.

besonders von Familien und noch deutlicher von Alleinerziehenden mit kleinen Kindern[18] [Bonoli, 2006: 3].

Besondere Probleme mit der Transformation in die post-industrielle Gesellschaftsform scheint der konservative Wohlfahrtsstaat zu haben. Er kann sich mit seiner Ausrichtung auf das klassische Familiensystem des männlichen Alleinverdieners den wandelnden Lebensrealitäten nur begrenzt anpassen. Ähnliche Probleme weisen auch die Wohlfahrtsstaaten Südeuropas, mit ihrer starken Fokussierung auf die Familie bei der Produktion von Wohlfahrt und den sehr großen demographischen Problemen auf [ebd.: 24ff]. Ein weiteres Problem, welches auch für die liberalen Wohlfahrtsstaaten von Bedeutung ist, ergibt sich aus den veränderten Arbeitsmarktstrukturen in Verbindung mit den Rentenversicherungen. Sollte eine geringfügige Beschäftigung, eine Teilzeitbeschäftigung oder lange Arbeitslosigkeit im Verlauf der Erwerbstätigkeit prägend gewesen sein, können faktisch keine ausreichenden Rentenanwartschaften erworben bzw. Ersparnisse für das Rentenalter angelegt werden. Hierbei ist dann nachträglich der Staat in der Pflicht, Altersarmut zu vermeiden [Pierson, 2006: 227]. Die sozialdemokratischen Wohlfahrtsstaaten Nordeuropas dagegen scheinen die neuen sozialen Risiken vor geringere Probleme zu stellen. Die Frauenerwerbstätigkeit liegt dort traditionell höher.

> „With their [...] much longer and [...] more serious commitment to gender equity, have long since addressed questions of the life-work balance which enable women to participate fully in formal economic life." [Esping-Andersen, 2002: 14].

Insgesamt sind diese neuen sozialen Risiken nicht als Ersatz der bisherigen Herausforderungen des Wohlfahrtsstaates, wie Krankheit, Alter oder Arbeitslosigkeit zu verstehen, vielmehr sind diese additiv und ergänzen die Risiken um weitere Facetten [Pierson, 2006: 228].

---

[18] So lag die Armutsquote (Haushaltseinkommen unter 60% des Medianes) in Deutschland 2010 bei alleinerziehenden (38,6%) etwa viermal so hoch, wie bei Paaren mit einem Kindern (9,6%) oder zwei Kindern (10,7%) und doppelt so hoch, wie bei Paaren mit drei Kindern (23,2%) [Paritätische Gesamtverband, 2012b: 25].

2.4.6 Zwischenfazit

Es ist für die (finanzielle) Situation, in der sich der Sozialstaat befindet, wichtig die grundlegenden Diskussionen, in denen der Wohlfahrtsstaat einbetettet ist, zu kennen. Allerdings könnte jedem dieser Phänomene eine eigene Arbeit gewidmet sein.

Die aufgezeigten Probleme veranlassen Esping-Andersen dazu vom Ende des „goldenen Zeitalters" der Sozialstaaten zu sprechen. Das „goldene Zeitalter" habe nach dem Zweiten Weltkrieg geherrscht. „The modern welfare state became intrinsic part of capitalism's postwar ‚Golden Age', an era in which prosperity, equality, and full employment seemed in perfect harmony." [Esping-Andersen, 1996: 1]. Nach Esping-Andersen haben aber noch keine größeren Reformen im Wohlfahrtsstaat stattgefunden. „In most countries what we see is not a radical change, but rather a ‚frozen' welfare state landscape." [ebd.: 25].

Laut Wolfgang Streeck und Daniel Mertens (in Anlehnung an Paul Pierson) sind Veränderungen und ihre Auswirkungen auf den Sozialstaat nur im Rahmen der allgemeinen Finanzkrise der Staaten zu verstehen. „Anders als in den unmittelbaren Nachkriegsjahren stehen der Politik Ausgabensteigerungen, als Mittel zur Befriedigung gesellschaftlicher Ansprüche und Konflikte, nicht mehr ohne Weiteres zur Verfügung." Hierdurch hat sich ein „fiskalisches Austeritätsregime" herausgearbeitet, welches „die Finanzierung und Finanzierbarkeit des Staates *als solche* zum Gegenstand und tendenziell beherrschenden Thema des politischen Diskurses" hat. Es kommt zu einer Fiskalisierung von Politik [Streeck, 2010a: 11f].

> „In anderen Worten, ist ein fiskalisches Austeritätsregime einmal etabliert, dann sind seine Aussichten gut, sich laufend selbst zu stabilisieren. Hartnäckige Defizite verlangen immer neue Sparmaßnahmen, die, auch wenn sie sich tatsächlich durchsetzen lassen (was teures und knapper werdendes politisches Kapital kostet), kaum ausreichen, die endemische Lücke zwischen Ausgaben und Einnahmen zu schließen. Steuererhöhungen als Alternative sind umso unpopulärer, je mehr sie dazu gebraucht werden, zunächst historisch gewachsene alte Verbindlichkeiten zu begleichen. Neues kann unter solchen Bedingungen kaum mehr unternommen werden; Politik reduziert sich auf die mehr oder weniger effiziente Bedienung oder Abwicklung ererbter Ansprüche aus einer vergangenen Epoche eines aktiven gesellschaftsgestaltenden Staatsinterventionismus. Warum sollten sich Bürger an ihr beteiligen?" [ebd.: 31].

Paul Pierson sieht die Ursache für die Diskussionen um die Nachhaltigkeit des Wohlfahrtsstaates im mangelnden Wirtschaftswachstum. „If 3 to 4 per cent economic growth had continued over the past quarter-century, many of our problems would never have materialized." [Pierson, 2001b: 84].

Der Wohlfahrtsstaat steht vor den Herausforderungen einer dauerhaften Finanzierbarkeit und mit der Wandlung der Gesellschaft Schritt zu halten. Christopher Pierson folgert: „None of these challenges represents a ‚knock-out blow' to existing welfare regimes, though each of them presents very real and substantial difficulties." [Pierson, 2006: 230].

3. Theorien zur Veränderung des Wohlfahrtsstaates

Wie Tanja Klenk und Frank Nullmeier skizzieren, ist das Verhalten von Wohlfahrtsstaaten in Krisenzeiten weitestgehend unerforscht.

> „Bemüht man das politikwissenschaftliche Schrifttum, so fällt der Mangel an einer Theorie auf, die grundlegende, d.h. akute und tiefgreifende ökonomische Krisen in den Vordergrund der Analyse stellt und die Möglichkeit erfolgreicher staatlicher Bewältigung herausstellt." [Klenk, 2010a: 274].

Francis G. Castles ergänzt: „[T]he impact of emergencies is, at best, a very minor theme of welfare state analysis and one largely left to historians of the welfare state" [Castles, 2010: 91].

Um diesem Problem Abhilfe zu schaffen, fließen in diese Studie drei Theorien ein, erstens die politische Krisentheorie, zweitens der New-Politics-Ansatz und drittens das Window of Opportunity.

Klenk und Nullmeier arbeiten in ihrer theoretischen Einordnung der Krise mit der politischen Krisentheorie der 1970er, die wesentlich von Claus Offe und Jürgen Habermas entwickelt wurde. Im Gegensatz zu den steuerungspessimistischen vorherrschenden Theorien der Pfadabhängigkeit[19], ging diese Theorie davon aus, dass „ökonomische Krisen durch staatliche Intervention entweder ganz vermieden [...] oder entschieden abgemildert werden können.". An die Stelle der ökonomischen Krisen würden vielmehr politische Krisen treten, da „konjunktur- und sozialpolitische Maßnahmen [die] fiskalischen, administrativen und legimatorischen Ressourcen des politisch-administrativen Systems" unterminieren [Klenk, 2010a: 275]. Krisen sind im kapitalistischen System endemisch und werden durch „ungelöste Steuerungsprobleme [im] ökonomischen Wachstumsprozess erzeugt." [Habermas, 1973:42]. Es folgt durch „politische Dauerinterventionen, die im Spätkapitalismus zur Stabilisierung der Kapitalakkumulation und zur Abfederung des Antagonismus von Kapital und Arbeit notwendig" sind, eine Überforderung des Staates [Schäfer, 2009: 163].

---

[19] Pfadabhängigkeit definiert Paul Pierson wie folgt: "Over time, as social actors make commitments based on existing institutions, the cost of 'exit' rises. [...] Actors do not inherit a blank slate that they can remake at will when their preferences change or the balance of power shifts. Instead, they find that the dead weight of previous institutional choices seriously limits their room to maneuver." [Pierson, 2001c: 416].

„Der Fiskus wird mit dem Gemeinkosten einer immer weiter vergesellschafteten Produktion belastet: er trägt die Kosten imperialistischer Marktstrategien und die Kosten für die Nachfrage unproduktiver Gebrauchsgüter [...], produktionsbezogener Infrastrukturleistungen, [...] sozialem Konsum [...], soziale Versorgung, insbesondere von Arbeitslosen und [...] Umweltbelastungen." [Habermas, 1973: 88].

Die ökonomischen Krisen werden ins administrative System verschoben und es folgt eine Überforderung, die sich in Desorganisation und Versagen des politisch-administrativem Systems äußert [ebd.: 90-97]. Nach Offe läuft dieser Prozess in drei Phasen ab. Erstens treten Krisen durch die Bestrebung zur monopolisierten Wirtschaft auf, „die von Marktprozessen nicht oder nicht alleine korrigiert werden können". Zweitens tritt das politisch-administrative System ein und „reagiert mit sektoralen Modernisierungsstrategien zur Beseitigung von Wachstumsengpässen", bürdet damit aber „der Masse der Bevölkerung eine Kategorie von materiellen und immateriellen Folgekosten" auf. Drittens hat dies „politische Konflikte zur Folge" [Offe, 1972: 124].

Der Mechanismus, der diese Krise herbeiführt ist laut Habermas die „Überforderung der öffentlichen Haushalte" [Habermas, 1973: 98].

Den vermutlich bedeutendsten Erklärungsansatz für die Veränderungen von Wohlfahrtsstaaten in den letzten Jahren hat Paul Pierson mit seinen New-Politics-Ansatz geliefert. Dieser stellt die Pfadabhängigkeit in den Mittelpunkt. Wegweisende Reformen können nicht durchgeführt werden, weil der Pfad des einmal eingeschlagenen wohlfahrtsstaatlichen Modells nur schwer zu verlassen ist. Dieser Pfad manifestiert durch die hohen Kosten eines Pfadwechsels den Entscheidungsspielraum zukünftiger Entscheidungen. Der Pfad wurde durch die Etablierung bestimmter Strukturen bei der Etablierung wohlfahrtsstaatlicher Systeme eingeschlagen. Wenn Reformen stattfinden, sind diese inkrementell, statt innovativ, sie verändern nur Stellschrauben im System, als das System an sich. Reformen finden auch grundsätzlich nur in Feldern des Sozialstaats statt, in dem die öffentliche Unterstützung schwach ist [Pierson, 1994: 6]. Gerade weil viele Menschen vom aktuell bestehenden Wohlfahrtsstaat abhängig sind, viele Menschen im Wohlfahrtsstaat beschäftigt sind, zudem viele institutionelle Vetopunkte[20] in den politischen Systemen installiert sind und der Wohlfahrtsstaat nach wie vor eine große öffentliche Unterstützung genießt[21], können Reformen nur dann wirksam werden, wenn sie weitestgehend unerkannt bleiben und erst in ferner Zukunft wirken, sehr komplex sind oder zu automatischen Kürzungen führen [Köppe, 2008: 18f]. Diese Theorie nennt Paul Pierson „blame-avoidance". Politikerinnen und Politiker versuchen entsprechend nicht die Schuld für Wohlfahrtsstaatsreformen zu bekommen, da diese als unbeliebt angesehen werden.

Selbst in der Zeit, in der der Wohlfahrtsstaat öffentlich direkt kritisiert wurde und von den Regierungen Thatcher und Reagan ein innovativer Policy-Wandel propagiert wurde, war der Erfolg der Reformen „programmatic retrenchment[22]", begrenzt. Der Anteil der Wohlfahrtsstaatsausgaben am BIP blieb nahezu unverändert, stieg aber in den absoluten Werten deutlich an [Pierson, 1994: 4, 144]. Allerdings hat es zumindest Margaret Thatcher wirkungsvoll geschafft, „systemic retrenchment"[23] durchzuführen, also die Basis für zukünftige Reformen zu legen, indem sie die Unterstützergruppen des Wohlfahrtsstaates, besonders die Gewerkschaften, schwächte [ebd.: 131]. Eine dauerhaft gesunkene Unterstützung für den Wohlfahrtsstaat ist aber nicht eingetreten.

---

[20] Vetomöglichkeiten definiert Paul Pierson wie folgt: "Most political systems make policy reform dependent on more than a simple 51 per cent majority, allowing minorities (including in some cases quite small ones) opportunities to block reforms. Examples of such institutional arrangements include federalism, a strong judiciary, bicameralism, use of referenda, requirements of super-majorities, and coalition-based government." [Pierson, 2001c: 415]

[21] Gerade dieser Punkt wird aber auch von Autoren kritisiert. Nathalie Giger hat eine Studie zu den Sozialreformen und Wiederwahlerfolgen von Regierungen aufgestellt. Sie kommt zu dem Ergebnis, dass: "[A] reform in the core schemes (pension, health, and unemployment) does not exert a significant influence on government performance since none of the variables reaches significance. More generally, we find no proof for a general negative reaction of the citizenry towards cutbacks in social policy. This indicates that people do not react to retrenchment in the way Pierson and others suggested" [Giger, 2011: 6]. Gleichwohl soll dies für unsere Zwecke ausgeklammert werden, es soll hier die Theorie von Paul Pierson in Bezug auf das stattfinden von Retrenchment und die Verfolgung des Policy-Pfades untersucht werden.

[22] Definition nach Paul Pierson: "Programmatic retrenchment modifies individual sectors of the Welfare State." [Pierson, 1994: 131].

[23] Definition nach Paul Pierson: "systemic retrenchment modifies the context for future struggles over programs." [Pierson, 1994: 131].

„Public opinion moved sharply in the other direction after her election. Even when the attention of voters is explicitly drawn to the tax costs of public programs, already strong support for program expansion has grown." [ebd.: 148].

Pierson schließt aber radikale Reformen nicht aus. Sie können implementiert werden, wenn sich Regierungen in einer sehr starken Position befinden und glauben, trotz Stimmenverlust bei der kommenden Wahl weiterhin die Regierung stellen zu können und/ oder wenn sich unter enormen Druck und damit politisch vermittelbar, eine Möglichkeit für eine Reform bietet oder wenn die Chance besteht, die Auswirkungen der Reform zu verschleiern [Pierson, 1996: 176f].

Genau hier setzt die dritte Theorie an, die in die Studie einfließen soll. Die Theorie des Windows of Opportunity, welches keine Theorie des Wohlfahrtsstaates ist, aber in der vorliegenden Studie den Aspekt von Reformen des Wohlfahrtsstaates zu erklären hilft. Es gibt Personen oder Personengruppen, in oder außerhalb von Regierungsverantwortung die Möglichkeit ihre Programme durchzusetzen, die außerhalb von Krisenzeiten keine Mehrheit bekommen würden. Dieses Window of Opportunity kann sich regelmäßig und vorausberechenbar öffnen, wenn beispielsweise Haushaltsverhandlungen oder Wahlkämpfe anstehen, aber auch bei spontanen und plötzlich auftretenden Krisenereignissen. Aber dieses Fenster öffnet sich nicht lange. Vorlagen, Ideen und Konzepte müssen vorliegen, um diese in den policy-circle einspeisen zu können, bevor sich das Fenster wieder schließt [Kingdom, 1995: 165-169]. Arjen Boin und Marc Otten ergänzen, dass Krisen entscheidend sind, weil unter hohem Zeitdruck weitreichende Reformen verabschiedet werden müssen [Boin, 1996; 151]. „It is widely held notion that crisis generate a window of opportunity for reforming institutional structures and long-standing policies." [Boin, 2003].

Für eine mögliche Veränderung der Sozialsysteme durch die Wirtschaftskrise bedeutet das, dass sich Sozialsysteme radikal verändert haben können, wenn die Krise als „Wndow of Opportunity verstanden wird. Wir müssen hier davon ausgehen, dass die Voraussetzungen (Ideen und Konzepte) vorlagen, um das Fenster zu ergreifen.

Die Theorie des Window of Opportunity und der New-Politics-Ansatz ergänzen sich. So schlussfolgern Andrew Cortell und Susan Peterson:

> „Institutional structures, once established, are difficult to change even when underlying social forces continue to evolve [...] Consequently, change is likely to be episodic and occur at moments of crisis (war or depression), when existing institutions break down or are discredited and when struggles over basic rules of the game emerge." [Cortell, 1999: 178].

4. Wirtschaftskrise

Der Begriff „Krise" wird häufig geradezu inflationär gebraucht. Niemand bestreitet jedoch die Angemessenheit des Terminus für die aktuelle Wirtschafts- und Finanzkrise[24] [Gough, 2010: 719]. Es soll in diesem Kapitel darum gehen, die Eigenarten dieser Krise zu charakterisieren und den Effekt der Wirtschaft-, Finanz- und Eurokrise auf die Staaten darzulegen bzw. den Einfluss der Wirtschaftskrise auf unsere Fallbeispiele zu klären. Am Ende des Kapitels sind die Ergebnisse zusammengefasst und auf die Theorien bezogen.

Einer Krise kann ein innovatives Potential inhärent sein, also es kann sich eine Chance zu Reformen des Wohlfahrtsstaates geboten haben. Der Terminus „Krise" wurde bereits im antiken Griechenland als Ausdruck des Höhe- oder Wendepunktes einer Krankheit oder eines extremen Spannungsbogens genutzt [Lauterjung, 2009: 316]. Die Krise stellt den Moment dar, „in dem sich entscheidet, ob die Selbstheilungskräfte des Organismus zur Gesundung ausreichen." [Habermas, 1973: 9].

Krisen sind dem Kapitalismus inhärent, so schrieb schon Karl Marx vom Wechsel von Prosperität und Krise [Marx, 1956: 839]. Auch wirtschaftsgeschichtlich lassen sich im Kapitalismus, beispielsweise seit der Tulpenkrise in Holland im 17. Jahrhundert, dutzende Fälle von Krisen in kapitalistischen Systemen studieren [Ahlers, 2005]. Das Auftreten der Krise kann damit noch nicht das entscheidende Merkmal sein. Die seit 2008 andauernde Krise stellt dennoch ein besonderes Ausmaß dar. Es war die erste Wirtschaftskrise, die als globale Krise angesehen wird. Auf Grund der globalisierten Wirtschaft waren die meisten, wenn nicht sogar alle Staaten der Erde von den Auswirkungen der Wirtschaftskrise betroffen.

Eine Wirtschaftskrise wird hier als eine ernsthafte Bedrohung des Wirtschaftssystems oder des staatlichen Gemeinwesens begriffen. Sie setzt ein

---

[24] In der vorliegenden Arbeit werden die Begriffe Krise, Wirtschaftskrise, Finanzkrise und Wirtschafts- und Finanzkrise als inhaltlich identisch angesehen und dementsprechend alternative genutzt. Der Begriff Eurokrise wird genutzt, um die spezifischen Krisensymptome im gemeinsamen europäischen Währungsraum zu kennzeichnen.

Ereignis voraus, welches vom Ausmaß das Eintreten dieser Bedrohung begründet.

4.1 Ablauf der Wirtschaftskrise
Die Wirtschaftskrise fand ihren Ursprung im Immobilienmarkt der USA.

> „On 15 September 2008, the American authorities let the 158-year-old investment bank Lehman brothers fall, apparently without realising the consequence of triggering a worldwide credit freeze. Nobody knew which financial institutions (in the US or elsewhere) had bought into the dangerous subprime mortgages, and as a result, a severe crisis of confidence erupted in the fall of 2008." [Hemerijck, 2009; 13].

Die Insolvenz von Lehman Brothers markiert den Beginn der Wirtschaftskrise. Als Auslöser dieser Insolvenz wird häufig die Niedrigzinspolitik der Zentralbanken, besonders der amerikanischen, kritisiert.

> „Das billige Geld zeigte Wirkung. Insbesondere kam es zu einem Bauboom. [...] Und die steigenden Immobilienpreise verführten nicht wenige US-Bürger dazu, die Hypotheken auf ihre Eigenheime aufzustocken. [...] Als die konjunkturelle Überhitzungen immer deutlicher zutage traten, musste die US-Zentralbank die Leitzinsen anheben. Dadurch stiegen die Zinsbelastungen der Hypothekenschuldnern, und so kamen zuerst jene in Schwierigkeiten, die schon bei den zuvor geringen Zinssätzen gerade über die Runden kamen." [Brenke, 2010: 40f].

Es wurden vermehrt Kredite nicht bedient. Dies kumulierte im Zusammenbruch der Bank Lehman Brothers [Brenke, 2010: 40f]. Hierunter litt das Vertrauen der Marktteilnehmer. Diese liehen sich kein Geld mehr und damit war für viele Banken der Weg zur Refinanzierung ihres Geschäfts versperrt. Gleichzeitig bestand die Gefahr, dass die Bankeninsolvenzen auf den hochvernetzten Finanzmarkt weitere Banken belasten könnten oder auf die Realwirtschaft übergreifen würden. Aus Angst vor diesen Dominoeffekten musste beispielsweise die Regierung der USA die Bank Bear Stearns und den Versicherungskonzern AIG und die Regierung des Vereinigten Königreiches die Bank Northern Rock verstaatlichen [Lösel, 2009:

262ff][25]. Die US amerikanische Regierung springt mit insgesamt 700 Mrd. Dollar Rettungspacket für den Finanzsektor ein [Plumb, 2008]. Das Vereinigte Königreich, welches durch den großen Finanzsektor besonders von der Krise betroffen ist, legt ein Bankenrettungsprogramm in Höhe von 20% des BIP auf [Gough, 2010: 719]. Spätestens mit den Zahlungsschwierigkeiten des Immobilienfinanzierers Hypo Real Estate (HRE), Ende September 2008 erreicht die Krise Deutschland. Die Bundesregierung kündigt ein Rettungspaket für den deutschen Bankensektor in Höhe von 500 Mrd. Euro an und wird anschließend durch Zwangsverstaatlichung alleiniger Inhaber der HRE sowie Anteilseigner der Commerzbank. Gleichzeitig werden Konjunkturpakete implementiert [Schieritz, 2009].

Seit Frühjahr 2010 sorgte besonders die Eurokrise für Aufsehen. Auf Grund der hohen Schulden einiger Mitgliedsländer stufen die Ratingagenturen die Bonität dieser herab. Durch die niedrige Bonität und den Verlust der Kreditwürdigkeit der Staaten ist damit faktisch der Weg zu den weltweiten Finanzmärkten für Griechenland, Irland und Portugal versperrt. Im Mai 2010 wurde der Europäische Stabilitätsfonds/ European Financial Stability Facility (EFSF) gegründet, auch bekannt als europäischer Rettungsschirm. Dieser umfasst Garantien über insgesamt 500 Milliarden Euro, die als Kredite an Staaten des Euro-Raums vergeben werden können. Kurz nach dessen Gründung nimmt Griechenland Kredite in Anspruch. [Zeit Online, 2010]. Im November 2010 tritt der zweite Fall für den Rettungsschirm ein und Irland nimmt aus diesem etwa 85 Milliarden Euro als Kredit in Anspruch [dpa/AFP, 2010]. Im Mai 2011 benötigt Portugal 78 Mrd. Euro aus dem Fonds [Zeit Online, 2011].

---

[25] Eine Veranschaulichung kann im Buch von Gordon Brown, Premierminister des Vereinigten Königreichs zu Beginn der Krise, gefunden werden. Gordon Brown beschreibt eine entscheidende Nacht der Ereignisse, den 26. September 2008: „Ich hatte gedacht, in diesem Stadium [der Krise] könnte mich nichts mehr schocken [...]. Wir standen nur wenige Tage vor einem kompletten Zusammenbruch der Banken: Unternehmen würden ihre Gläubiger nicht bedienen, Arbeiter ihre Löhne nicht vom Konto abheben können und Familien würden feststellen müssen, das Geldautomaten kein Bargeld auszahlten. [...] Die Banken mussten sofort mit Kapital versorgt werden, notfalls indem der Staat sich in sie einkaufte. [...] Ich war überzeugt, wenn wir sie [beispiellose Maßnahmen] nicht ergriffen, stünde ein Bankenzusammenbruch bevor, neben dem sich die Schlangen der Einleger vor der Northern Rock Bank wie ein Sonntagsausflug ausnähmen" [Brown, 2011: 11-15].

Im Juni 2011 spitzt sich die Eurokrise erneut zu. Griechenland benötigt dringend neues Kapital, um Schulden abzulösen. Es besteht die Sorge um einen Dominoeffekt für weitere Staaten des Euroraums. Der Direktor des Hamburger WeltWirtschaftsInstituts beschreibt die Situation folgendermaßen:

> „der Bankrott Griechenlands [ist] eine Einladung, auf den Staatsbankrott anderer Euro-Länder zu wetten. Dadurch wird eine schwer zu berechnende Eigendynamik ausgelöst. Die Prämien für eine Kreditausfallversicherung in Portugal, Irland, Spanien, vielleicht sogar Italien und Belgien würden rasch steigen. Entsprechend werden die Rating-Agenturen die Bonität dieser Länder zurückstufen, was deren Refinanzierungskosten noch einmal weiter nach oben treibt. Als Folge des griechischen Staatsbankrotts werden somit für alle Euro-Länder die Kreditkosten ansteigen, selbst für die starken Länder wie Deutschland oder Frankreich" [Straubhaar, 2011].

Am 09. Juni 2012 verständigen sich die Finanzministerinnen und Finanzminister der Mitgliedsländer der Eurozone bis zu 100 Mrd. Euro aus dem Europäischen Stabilitätsmechanismus an einen Fonds in Spanien zu verleihen. Der staatseigene Fonds hat die Aufgabe, die von der Insolvenz gefährdeten Banken Spaniens, zu unterstützen. [Treanor, 2012]. Am 25. Juni 2012 stellt auch Zypern den Antrag für Kredite für seine Banken aus dem Rettungsschirm. Die genaue Summe ist bisher noch ungeklärt, wird sich aber auf ungefähr 4 Mrd. Euro belaufen [Zeit Online, 2012b].

Es standen regelmäßige und tiefgreifende staatliche Eingriffe in die Wirtschaft auf der Tagesordnung. Dies war nach dem Diskurs zum Neoliberalismus[26] keinesfalls selbstverständlich. Hatte es doch einen deutlichen Verzicht staatlicher Steuerung in der Konjunkturpolitik in den vergangenen Jahrzehnten gegeben. Der keynesianistische Ansatz einer antizyklischen Steuerung der Wirtschaft war seit den 1980er Jahren mit der Politik von Margaret Thatcher und Ronald Reagan diskreditiert. Die Theorie des Neolibaralismus fand in allen westlich orientierten Ländern in den ver-

---

[26] Colin Crouch definiert den Neoliberalismus wie folgt: „There are many branches and brands of neoliberalism, but behind them stands one dominant theme; that free markets in which individuals maximize material interests provide the best means for satisfying human aspirations, and that markets are in particular to be preferred over states and politics, which are at best inefficient and at worst threats to freedom" [Crouch, 2011: vii]. Es wird entsprechend von der Maßgabe ausgegangen, dass Märkte effektiver sind als Staaten und damit der Markt dem Staat grundsätzlich vorzuziehen ist.

gangenen Jahrzenhten Anklang, also auch in unseren Fallbeispielen [Crouch, 2011: 98-101].

Die Kosten für die Krise waren immens. Nach Berechnungen haben die Regierungen in den 43 größten Volkswirtschaften insgesamt kurzfristige Investitionsprogramme im Umfang von etwa 2,18 Billionen Dollar aufgelegt [Pino, 2010: 25].

Eines der großen neuen Probleme der Wirtschaftskrise ist die steigende Arbeitslosigkeit[27]. Diese wirkt sich nicht nur auf die Ausgaben aus, indem die Ausgaben der Sozialversicherungen für Arbeitslosigkeit steigen, vielmehr ist dies auch ein Einnahmeproblem, da weniger Steuern oder Abgaben entrichtet werden. Die Ausgaben der Sozialversicherungen wirken aber als ökonomische Stabilisatoren, da gleichzeitig der vormaligen Nachfrage der Arbeiterin oder des Arbeiters eine neue – wenn auch verminderte – Nachfrage entgegengesetzt wird. Es ist auffällig, so führt Alain Euzéby aus, dass „Länder, deren Sozialversicherungssystem innerhalb der EU am wenigsten stark ausgeprägt sind (Lettland, Litauen, Estland in Osteuropa und Irland in Westeuropa), den größten Rückgang des BIP in der EU zu verzeichnen hatten" [Euzéby, 2010: 72ff].

Einerseits mussten Staaten massiv Geld investieren um das Finanzsystem vor dem Kollaps zu bewahren und die Konjunktur zu stützen, andererseits nahm die öffentliche Verschuldung in der EU von durchschnittlich 59% in 2007 auf 80% in 2010 zu und Staaten sahen sich einem enormen Konsolidierungsdruck ausgesetzt [Lierse, 2012: 1].

Zur Frage der Handlungsfähigkeit des Staates allerdings äußert Hauke Brunkhorst die Meinung, dass der Staat keine Alternative hatte, als Schulden aufzunehmen und die Volkswirtschaft zu stützen. Gibt es sonst immer die Alternative zwischen teurem Investieren in die Wirtschaft, also Kon-

---

[27] Auch, wenn im deutschen Kontext diese Diskussion nicht so wahrgenommen werden sollte, da die deutsche Arbeitslosigkeit derzeit gering ist, so offenbart doch ein Blick in die anderen Länder der EU ein erschreckendes Bild. Die Arbeitslosigkeit in der Eurozone stieg im März 2012 erstmals auf über 17 Mio. Arbeitslose Menschen. Dies entspricht einer Quote von 10,8%. Gleichzeitig sagen viele Experten voraus, dass diese noch weiter steigen wird [Moulds, 2012].

junkturmaßnahmen und dem günstigen Regulierungspolitik, so gab es diese Alternativen nun nicht mehr. Vielmehr war der Staat gezwungen, sich die Konditionen für die Rettung von Banken und Konjunkturpaketen diktieren zu lassen. Wirtschaftsvertreterinnen und Wirtschaftsvertreter nahmen die Politik in „Geiselhaft, setzten ihr die Pistole auf die Brust und sagten, wenn ihr nicht zahlt, seid ihr morgen politisch tot." [Brunkhorst, 2001: 473]. Und Wolfgang Streeck folgert: „Nach erfolgter Geiselnahme der Gesellschaft durch die Finanzbranche konnten die Regierungen nicht anders, als das geforderte Lösegeld zu entrichten." [Streeck, 2010b: 160].

Die Krise sollte nicht verstanden werden als ein Ende des Profits, vielmehr haben einige Marktteilnehmerinnen und Marktteilnehmer profitable Geschäfte in der Krise gemacht und das auf Kosten der Nationalstaaten. Die Banken konnten und können sich von der EZB sehr günstig Geld leihen für 1,0%[28] Zinsen und über Staatsanleihen mit einem Zinssatz von mindestens 6-10% dieses Geld an die krisenbedrohten Staaten weiter verleihen. „Ein Ausfallrisiko gibt es gar nicht, denn die Euro-Staaten können Portugal[29] gar nicht fallen lassen, weil dann ihr eigenes Bankensystem wieder bedroht wäre." [Lenz, 2011: 2].

Auch auf internationaler Ebene kommt es zu Verschiebungen. Es wird auf die Wirtschaftskrise mit der Re-etablierung[30] einer Institution reagiert. Präsident George W. Bush lädt am 15. November 2008 die Staats- und Regierungschefinnen und -chefs der 20 größten Wirtschaftsnationen (G20) nach Washington ein, um sich international in Wirtschaftsfragen abzustimmen. Spätestens seit dem zweiten Treffen im März/April 2009 in London ist die neu etablierte G20-Gruppe fester Bestandteil der internationalen Ordnung. Auf diesen Treffen werden die Rettungspakete abgestimmt

---

[28] Stand 21.06.2012.
[29] Der Beitrag von Rainer Lenz bezieht sich ausdrücklich auf Portugal. Diese Anschauung kann aber auch auf andere krisenbedrohten Staaten, wie Irland, Griechenland, Spanien und Italien übertragen werden.
[30] Die G20-Gruppe (19 wichstiste Industrie- und Schwellenländer der Welt, gemessen am BIP und die EU) wurde bereits 1999 gegründet, führte aber lange ein Schattendasein, hinter der Gruppe der G8 (8 wichtigsten industrie- und Schwellenländer). Die G20 wurde 2008 durch die Beteiligung der Staats- und Regierungschefinnen und –chefs aufgewertet und tagt seitdem jährlich [Berensmann, 2011].

und es wird nach effektiven Regulierungen der weltweiten Finanz- und Währungsordnung gesucht [Berensmann, 2011].

4.2 Wirtschaftskrise in Deutschland

Nachdem die Wirtschaftskrise Deutschland erreicht hat, rutschte Deutschland im Jahr 2009 in die Rezession und das BIP schrumpfte um 5,1%. Im Jahr 2008 lag das Wirtschaftswachstum noch bei 1,1% und im Jahr 2010 legte das BIP um 3,7% zu. Damit lag Deutschland 2008 und 2010 über den europäischen Durchschnitt und die Rezession dauerte nur ein Jahr. Der wirtschaftliche Einbruch 2009 war aber deutlicher als im Durchschnitt der anderen Staaten [EZB, 2012]. Laut Institut für Makroökonomie (IMK) lag das Wirtschaftswachstum 2011 bei 3,0% und wird 2012 und 2013 bei 0,3%, bzw. 0,7% liegen und liegt damit in allen drei Jahren über den Werten der EU und des Euroraums [IMK, 2012: 4][31].

Der deutsche Haushalt entwickelte sich weniger defizitär, als der Haushalt anderer europäischer Länder und blieb immer mindestens nahe dem Masstrichtkriterium[32] von maximal 3,0%.[33] Der Schuldenstand Deutschlands stieg 2010 auf 83,0% des BIP an, reduzierte sich 2011 wegen der guten Konjunkturdaten aber auf 81,2% [Eurostat 2012f: 14], erhöhte sich insgesamt in der Krise aber um ca. 25%. Dennoch besitzt Deutschland beste Bonitätswerte und das Vertrauen der Kapitalanlegerinnen und Kapitalanleger. Die Zinswerte deutscher Staatsanleihen betragen derzeit nur 2,3%. Vor der Wirtschaftskrise lag dieser Wert bei etwa 4,3%[34] [Pusch, 2011: 38].

---

[31] Selbst diese niedrigen Werte für 2012 und 2013 können nur erreicht werden, wenn die Wirtschaft in den anderen Eurostaaten nicht weiter schrumpft. Die Wirtschaftsleistung vom Export innerhalb der EU abhängig [Hans-Böckler-Stiftung, 2012].
[32] Der Vertrag von Maastricht 1992 gründete die Europäische Wirtschafts- und Währungsunion und bereitete den Weg für die Einführung des Euros. Als Vorbereitung einer Einführung wurden Kriterien entwickelt, die die Teilnahme an der gemeinsamen Währung ermöglichten. Das zentrale Kriterium war eine maximale jährliche Neuverschuldung von 3% des BIP.
[33] Das Haushaltsdefizit betrug 2008 0,1%, 2009 3,2%, 2010 4,3% und 2011 1,0% [Eurostat 2012f: 14].
[34] Unterdessen kann Deutschland sich so günstig, wie nie in der Geschichte der Bundesrepublik Deutschland Geld leihen. Im Mai 2012 wurden Bundesanleihen mit einer Verzinsung, die deutlich unter der jährlichen Inflation liegt, verkauft [stk/Reuters/dpa-AFX: 2012].

4.3 Wirtschaftskrise im Vereinigten Königreich

Große Anteile der Wirtschaftskraft im Vereinigten Königreich werden durch die Finanzwirtschaft[35] erbracht. Diese war auf Grund des Hergangs der Krise am offensichtlichsten getroffen [Atkinson, 2009: 208]. Deshalb war das Vereinigte Königreich besonders hart von der Finanzkrise getroffen.

Nach einem langen und stetigen Anstieg des BIP mit durchschnittlich etwa 2,75% Wirtschaftswachstum im Jahr zwischen 2000 und 2007 [IMF, 2011: 3], kam es in UK bereits 2008 zur Rezession und das BIP schrumpfte um 1,1% und um 4,4% im Jahr 2009. Im Jahr 2010 lag das Wirtschaftswachstum bei 2,1%. Damit lag das Vereinigte Königreich 2009 und 2010 ungefähr auf Durchschnittsniveau aller EU-Länder. Die Rezession begann aber früher, 2008 wuchs das durchschnittliche Wirtschaftswachstum in der EU noch [Eurostat, 2012e]. 2011 hatte UK ein Wirtschaftswachstum von 1,0% erreicht, 2012 und 2013 werden 0,1%, bzw. 1,4% erwartet [IMK, 2012: 4]. Das Haushaltsdefizit in UK lag 2008 bei 5%, 2009 bei 11,5%, 2010 bei -10,3% und 2011 bei 8,2% des BIP. Der Schuldenstand stieg damit auf 85,7% des BIP an [EZB, 2012; Eurostat, 2012f: 36].

In erster Linie war die Neuverschuldung ein Resultat der Bankenrettungsprogramme. Es wurden Institute, darunter die Royal Bank of Scotland und die Northern Rock mit etwa einer Billion Euro gerettet [Esterházy, 2010: 40].

4.4 Wirtschaftskrise in Griechenland

Nach einer langen Phase von wirtschaftlicher Prosperität mit durchschnittlich 3,8% Wirtschaftswachstum zwischen 1996 und 2008 und einem jederzeit größeren Wirtschaftswachstum, als der Schnitt der EU-Länder [Mitsopoulos, 2009: 400], befindet sich Griechenland seit 2008 in einer Rezession. Die Wirtschaft schrumpfte 2008 um 0,2%, 2009 um 3,3%, 2010 um 3,5% und 2011 um 6,9%. Für 2012 und 2013 werden Wachs-

---

[35] Der Finanzsektor trägt im Vereinigten Königreich zu 10% des BIP bei. Dies ist etwa doppelt so viel, wie der deutsche Finanzsektor zum deutschen BIP beiträgt [The City UK, 2011: 4].

tumswerte in Höhe von -6,7% und -6,2% erwartet. Damit lag die Wirtschaftsentwicklung in diesen Jahren immer unterhalb der des Euro-Raums und der anderen EU-Länder [Eurostat, 2012e; IMK, 2012: 4]. Auch das griechische Haushaltsdefizit war beträchtlich, es betrug 2008 9,8%, 2009 15,8%, 2010 10,6% und 2011 9,2% des BIP [EZB, 2012; Eurostat 2012f: 17].

Die großen Probleme der Eurokrise begannen in Griechenland. Es wurde offensichtlich, dass Griechenland für mehrere Jahre die Werte zur Staatsverschuldung beschönigt hat. Im Zuge dessen musste der Wert der Gesamtverschuldung von 99,6% des BIP auf 126,8% angehoben werden [Matsaganis: 2011: 2]. Vor diesem Hintergrund senkten die Ratingagenturen ihre Bewertungen für Griechenland herab. Im April 2010 stufte beispielsweise die Ratingagentur Standard and Poor's auf die Wertung „below investment grade (That is junk status)". Die 10 Jahresanleihen für Griechenland verteuerten sich. Die Zinsen stiegen auf etwa 10% (eine Verfünffachung) an [ebd.: 502]. Der Schuldenstand Griechenlands lag am Ende des Jahres 2011 bei 165,3% des BIP [Eurostat, 2012f: 17].

Im Frühjahr 2010 konnte sich die griechische Regierung kein Kapital zur Refinanzierung am Finanzmarkt leihen. Dies vor Augen, legten die anderen Eurostaaten den Europäischen Stabilitätsfond auf und bewilligten Griechenland die erste Zahlung. Insgesamt wurden Griechenland Kredite in Höhe von 110 Mrd. EUR (80 Mrd. EUR Europäischer Stabilitätsfonds und 30 Mrd. EUR Internationaler Währungsfonds (IWF)) zur Verfügung gestellt. Damit verbunden waren aufgelegte Strukturreformen und Einsparungsvorgaben [Leventi, 2010]. Im Frühjahr 2012 brauchte Griechenland erneut Gelder. Nachdem weitere Sparpakete verabschiedet wurden, gibt die EU weitere 130 Mrd. Euro aus dem Europäischen Stabilitätsfonds frei [Bannas, 2012].

4.5 Zwischenfazit

In diesem Teilkapitel ist ein kurzes Zwischenfazit der Wirtschaftskrise im Hinblick auf die Fragestellung und Hypothese aus Kapitel 2 und den Theorien aus Kapitel 3 gezogen.

Die Krise fand in allen hier behandelten Fallbeispielen statt, wenngleich in unterschiedlicher Intensität. Deutschland hat die Wirtschafts-, Finanz- und Eurokrise nach einem starken Wirtschaftseinbruch durch rückgängige Exporte in 2009, zumindest vorerst schnell überwunden. Das Vereinigte Königreich war von der Wirtschaftskrise und den Kollaps der Banken getroffen. Die Krise hatte hier bedeutendere Ausmaße und zog enorme Haushaltsdefizite nach sich. Griechenland hatte weniger unter der Wirtschaftskrise zu leiden, aber mit dem anschließenden Verlust der Kreditwürdigkeit Probleme, Kredite zu bekommen. Wie sich die wirtschaftlichen Probleme der Staaten auf den Wohlfahrtsstaat ausgewirkt haben, werden die drei Fallstudien offenlegen.

Die politische Krisentheorie kann hierbei insofern (teil-) verifiziert werden, als offensichtlich ist, dass Staaten Handlungsfähigkeit in der Krise bewiesen und damit die Krise abgemildert haben. Die Insolvenz des Finanzhauses Lehman Brothers hatte einen massiven Einfluss auf die gesamte Weltwirtschaft, eine vergleichbare Bankeninsolvenz ist nur durch staatlichen Einfluss abgewendet worden. Alle großen Volkswirtschaften legten zudem Konjunkturprogramme auf, um die Einfluss der Wirtschaftskrise zu begrenzen. Dies zeigte unter ökonomischen Gesichtspunkten, auch Wirkung. Das Institut der deutschen Wirtschaft geht von einer durchschnittlichen Steigerung der Wirtschaftsleistung 2009 und 2010 allein durch die Konjunkturprogramme in Europa von 0,5% bis 1,0% aus. In Deutschland sei das BIP gar um rund 1,4% wegen der Größe des Konjunkturprogramms gewachsen [IW.Köln, 2010].

> „Ohne das Eingreifen der öffentlichen Gewalt – ohne Injektionen einer mächtigen Dosis staatlicher Autorität in den Gang der wirtschaftlichen Dinge – stünden wir heute wohl vor den Trümmern des Kapitalismus, so wie wir ihn zu kennen geglaubt haben." [Streeck, 2010b: 160].

Die unmittelbare Gefahr einer ausufernden Rezession scheint überwunden. Vielmehr konnte zwischenzeitlich der Eindruck gewonnen werden, dass die Wirtschaftskrise bereits mit den Bankenrettungspaketen und den Konjunkturpaketen erfolgreich überwunden war. „So plötzlich, wie die jüngste Wirtschaftskrise kam, so unverhofft scheint sie auch wieder überwunden zu sein" [Brenke, 2010: 39]. Inwiefern sich daraus eine Krise des politisch-administrativen Systems, unter Aspekten des Wohlfahrtsstaates ergibt, ist noch aufzuzeigen.

Zum New-Politics-Ansatz kann bisher kein Fazit gezogen werden, steht hierbei doch die Frage nach der Pfadabhängigkeit in der Sozialpolitik im Vordergrund. Allerdings bezugnehmend auf den Steuerungspessimismus der Pfadabhängigkeit schlussfolgert Renate Mayntz: „Durch sein zunächst effektives Management der sich als Bankenkrise äußernden Finanzmarktkrise hat der Nationalstaat unzweifelhaft Handlungsfähigkeit bewiesen" [Mayntz, 2010: 175]. Der herrschende Pfad des Neoliberalismus ist durch die Konjunkturprogramme, Bankenrettungen und Handeln der Notenbanken überwunden worden. Vielmehr trat an die Stelle eine keynesianistische Politik des staatlichen Eingriffs. Wie sich das Krisenmanagement durch die Nationalstaaten auf den Sozialstaat ausgewirkt hat, ist in den Fallstudien aufgezeigt.

Auf Grund der Größe der Wirtschaftskrise war das Window of Opportunity sicherlich geöffnet. Wie lange dieses offen stand, ist äußerst schwer zu beziffern, es ist aber zumindest von Herbst 2009 und 2010 nach der Insolvenz von Lehman Brothers von einer Öffnung auszugehen. Wie ich aber in den folgenden Kapiteln aufgezeige, werden auch heute noch Reformen mit der Wirtschaftskrise begründet, die nicht im unmittelbaren Zusammenhang mit dieser stehen. Es erscheint zumindest der Verdacht, dass das Window of Opportunity durch die immer noch hohe Aktualität der Wirtschaftskrise weiterhin geöffnet ist oder aber zumindest Reformvorhaben agumentativ deutlich vereinfacht. Die Möglichkeiten eine pfadabweichende Politik zu implementieren war gegeben[36], ob es wiederum in Bezug auf die Wohlfahrtsstaaten genutzt wurde, ist in späteren Kapiteln aufgezeigt.

Interessant ist die Analyse der Wirtschaftskrise von Herman Schwartz. Dieser stellt einen Zusammenhang zwischen dem Abbau von Leistungen des Wohlfahrtsstaates und dem Zusammenbruch des Immobilienmarktes in den USA her. Durch einen ständigen Abbau des Wohlfahrtsstaates wurden die Menschen gezwungen, sich neue Mechanismen für Risikoreduktion zu suchen, da der Sozialstaat die Risikominimierung für breite Bevölkerungsschichten nicht mehr gewährte. „Individual efforts to replace public cash and public services with homeownership pushed home prices up to clearly unsustainable levels." [Schwartz, 2012: 53]. Wohneigentum wurde als Möglichkeit angesehen, sich gegen Lebensrisiken, wie Arbeitslosigkeit, Alter oder Krankheit zu schützen. Da Wohneigentum in großem Maßstab angestrebt wurde, stiegen die Preise am Wohnungsmarkt und bildeten sich Spekulationsblasen, die letztlich platzten und die Wirtschaftskrise auslösten.

Um die Krisenfolgen zu bekämpfen, brachten viele Staaten beachtliche Summen auf, um die Wirtschaft zu stabilisieren. Diese enormen Ausgaben muss die staatliche Handlungsfähigkeit der kommenden Jahre zumindest teilweise bestimmen [Gough, 2010: 719].

Dies ist der Ansatzpunkt für die folgenden Kapitel und die Fallbeispiele.

---

[36] Wir können hierbei schon das Fazit ziehen, dass einige policies in der Krise überarbeitet wurden. Die Einsetzung des Europäischen Stabilitätsfonds und damit die Abschaffung der No-Bailout-Klausel, also die Doktrin einer Ablehnung der Vergemeinschaftung von Staatsschulden, wären ohne Krise nicht denkbar gewesen. Auch führte die Krise zu einer neuen internationalen Abstimmung der Politik zu den Krisenfragen (G20). „The current economic crisis is fundamentally redrawing the boundaries between states and markets, calling into question many issues of economic policy, ranging from central banking, fiscal policy, financial regulation, global trade, welfare provision, economic governance and assumptions about human behaviour and rationality." [Hemerijck, 2009: 25].

5. Fallstudien

5.1 Die Wirtschaftskrise und der deutsche Wohlfahrtsstaat

5.1.1 Aufbau Wohlfahrtsstaat

Der deutsche Sozialstaat wird charakterisiert durch drei bedeutende Merkmale. Erstens das Solidaritätsprinzip, welches den Sozialstaat institutionell begründet und die Bereitschaft der Menschen zur gegenseitigen Unterstützung darstellt, zweitens das Personalitätsprinzip, welches die Bereitstellung der Sozialleistung auf ein Individuum begründet und drittens das Subsidiaritätsprinzip, welches die institutionelle Ausgestaltung des Solidaritätsprinzips begründet und die Leistungsbereitstellung im Grundsatz der kleinsten Gebietskörperschaft zuweist, solange diese mit der Aufgabenerfüllung nicht überfordert ist [Butterwegge, 2012: 32-35].

Darüber hinaus ist der Stellenwert von „Arbeit" im deutschen Wohlfahrtsstaat zentral. Der Bezug von Sozialleistungen setzt häufig eine geregelte (Erwerbs-) Arbeit voraus. Hierunter fallen beispielsweise die gesetzliche Rentenversicherung, die im Grundsatz nur eine Leistung im Alter gewährt nach der Dauer der Erwerbsarbeit oder die Bezugsdauer von Arbeitslosengeld I [Boeckh, 2011: 194ff].

Das System der sozialen Sicherung wird nicht nur staatlich gelenkt, vielmehr finden wir eine Vielzahl korporatistischer Strukturen, die Gewerkschaften und Arbeitgeberverbände einbeziehen. Diese nehmen einerseits Aufgaben in der Organisation des Sozialversicherungssystems war, wirken beispielsweise in den Selbstverwaltungsgremien der Rentenversicherungen, der Bundesagent für Arbeit und der Krankenkassen mit und handeln als Intressengruppen der Versicherten oder der Arbeitgeberinnen und Arbeitgeber im Gesetzgebungsverfahren [Wiß, 2011: 30ff].

Das deutsche Sozialversicherungssystem umfasst fünf Säulen. Dies sind die Renten-, die Arbeitslosen-, die Kranken-, Pflege- und die Unfallversicherung [Lauterjung, 2009: 311]. Daneben existieren weitere Leistungen, die aber nicht als Versicherung organisiert sind.[37]

Das staatliche Rentensystem basiert auf einem Umlageverfahren. Leistungsempfängerinnen und Leistungsempfänger werden unmittelbar durch die Beitragszahlungen der Arbeitnehmerinnen und Arbeitnehmer und Arbeitgeberinnen und Arbeitgeber (paritätische Beitragszahlung) finanziert. Rücklagen werden nicht angespart, auch werden keine Vermögen für die einzelne Beitragszahlerin oder den einzelnen Beitragszahler angehäuft. Vielmehr werden Anwartschaften erworben, die bei Renteneintritt in eine monatliche Rente umgerechnet werden. Hinzu kommen versicherungsfremde Leistungen, die aus dem Bundeshaushalt finanziert werden [ebd.: 311-313]. Durch die sogenannte Riesterreform wurden kapitalgedeckte Altersrenten in das System eingeführt und von staatlicher Seite gefördert[38] [Gasche, 2010: 255].

Die Arbeitslosenversicherung besteht aus zwei Programmen. Das Arbeitslosengeld I wird ähnlich wie das Rentenversicherungssystem durch eine Umlageversicherung durch Arbeitgeberinnen und Arbeitgeber sowie Arbeitnehmerinnen und Arbeitnehmer finanziert, es basiert auf dem letzten erzielten (Erwerbs-)Einkommen und wird entsprechend ausgezahlt. Sollte die Arbeitslosigkeit zu lange bestehen, kann Arbeitslosengeld II, welches de facto als eine Grundsicherung fungiert, bezogen werden. Dies wird aus dem Bundeshaushalt finanziert [Lauterjung, 2009: 311-313].

Die Krankenversicherung wird wie die Rentenversicherung und das Arbeitslosengeld I durch Arbeitgeberinnen und Arbeitgeber sowie Arbeitnehmerinnen und Arbeitnehmer paritätisch finanziert, es kann allerdings

---

[37] In der Beschreibung des Aufbaus des Wohlfahrtsstaates kann in der vorliegenden Arbeit nur auf die Renten-, die Kranken- und die Arbeitslosenversicherung eingegangen werden.

[38] Durch die Einführung der Riester-Rente hat die Bundesrepublik Deutschland das erste kapitalgedeckte Element in die Rentenversicherung eingeführt und sich dadurch auch abhängig von den Kapitalmärkten gemacht. Zwar hielten sich die durchschnittlichen Verluste des Altersvorsorgevermögens aus den Riester-Renten mit 2% durch die Wirtschaftskrise in Grenzen, allerdings zeigt dies auf, dass die Rentenfonds zumindest anfällig für einen Wertverlust sind [Gasche, 2010: 255].

ein Zusatzbeitrag für alle Versicherten einer Krankenkasse erhoben werden, den nur diese zu entrichten haben. Darüber hinaus wird ein Zuschuss des Bundeshaushalts gewährt [Lauterjung, 2009: 311-313].

Wolfgang Streeck analysiert ein „Regime der fiskalischen Austerität" für Deutschland. Dies hat mit der Schuldenbremse „mittlerweile Verfassungsrang und ist auf dem Weg, die Sozialstaatsklausel des Grundgesetzes praktisch zu suspendieren." [Streeck, 2010a: 32].

Viele Sozialstaatsreformen wurden bereits vor der Wirtschaftskrise implementiert. So ist mit der Agenda 2010 im Jahr 2003 der Rahmen der Arbeitsmarktversicherung reformiert worden, mit der Einführung des Gesundheitsfonds 2009 (bereits 2007 beschlossen) die Krankenversicherung und mit der Riester-Rente und der Rente mit 67 die Rentenversicherung reformiert worden, um nur die wichtigsten zu nennen [Wiß: 2011: 17ff].

5.1.2 Auswirkungen der Wirtschaftskrise auf Deutschland

In allen drei unserer Fälle haben sich die Sozialausgaben zu Beginn der Krise deutlich erhöht. So stieg in Deutschland der Anteil der Sozialausgaben am BIP von 27,8% im Jahr 2007 auf 31,3% in 2009 [Eurostat, 2012d].[39]

Gleichwohl ist dies nur teilweise auf gestiegene Arbeitslosigkeit[40] zurückzuführen. Höhere Ausgaben gehen auch auf das Kurzarbeitergeld zurück, welches viele Autorinnen und Autoren verantwortlich für den geringen Anstieg der Arbeitslosigkeit machen. Das Kurzarbeitergeld, seit Jahrzehnten in die deutsche Arbeitsmarktpolitik implementiert, wurde während der Krise ausgebaut. Die maximale Förderlänge wurde von sechs auf 24 Monate angehoben [ILO, 2009: 29]. Es muss ein Antrag durch das Unternehmen an die Bundesagentur für Arbeit gestellt werden. Erfolgt ein

---

[39] Neuere Zahlen wurden von Eurostat bisher nicht veröffentlicht.
[40] . Nach den offiziellen Zahlen der Bundesagentur für Arbeit, ist die Arbeitslosenquote nur um 0,3% im Jahr 2009 gegenüber 2008 angestiegen. Im ersten Krisenjahr 2008 ist die Arbeitslosenquote gegenüber 2007 sogar deutlich um 1,2% gesunken [Bundesagentur für Arbeit, 2011: 58]. Seit 2009 sinkt die Arbeitslosigkeit wieder und erreicht nach dem aktuellen Monatsbericht Mai 2012 6,7% [Bundesagentur für Arbeit, 2012: 16].

Nachweis, dass das Unternehmen derzeit nicht ausreichend Arbeit für eine Vollbeschäftigung von mindestens einem Drittel der Belegschaft hat, können Arbeiterinnen und Arbeiter nur noch Teilzeit beschäftigt werden und gleichzeitig bekommen die Lohnausfälle durch die Bundesagentur für Arbeit zu mindestens 60% ersetzt [Bonnet, 2010: 52; Sacchi, 2011: 470]. Laut Nicola Lieber wirkte dieses Instrument doppelt. Auf der einen Seite war es wirksam, um Jobs zu erhalten und gleichzeitig wirkte es als ein „ökonomischer Stabilisierer", weil es Nachfrage im System hielt, dabei aber nur einen Teil der Kosten vom Staat zu tragen sind [Liebert, 2010: 4]. Etwa 1,3 Mio. Menschen waren in 2009 im Durchschnitt in dieser Maßnahme. Das entspricht etwa 3% der Beschäftigten. Die Kosten beliefen sich auf geschätzte 3,5 Mrd. Euro [Bonnet, 2010: 52; Chung, 2011: 361]. Anschließend sank die Zahl der Bezieherinnen und Bezieher wieder deutlich und erreichte im Jahresdurchschnitt 2010 etwa den Wert von 0,5 Mio. Menschen [Bundesagentur für Arbeit, 2011] und sank anschließend weiter ab. Im März 2012 beziehen nur noch 82.000 Menschen Kurzarbeitergeld [Bundesagentur für Arbeit, 2012: 10].

Sebastian Dullien und Christiane von Hardenberg haben die Kosten der Krise beziffert und gehen davon aus, dass der Staat einen wesentlichen Teil der Schulden[41] übernommen hat bzw. übernehmen wird. Im günstigsten Szenario[42] trug und trägt der Staat Kosten von rund 270 Mrd. Euro, im ungünstigsten gar rund 800 Mrd. Euro. Gleichzeitig gehen die Autorinnen und Autoren auch von Einschnitten bei Transfer- und Sozialleistungen zur Budgetkonsolidierung aus. Hierbei setzen die Autoren die Kosten auf rund 177 Mrd. Euro bis 755 Mrd. Euro fest. Diese Kosten manifestierten und manifestieren sich in gesunkenen gegenwärtigen und zukünftigen Transferleistungen [Dulllien, 2011 33].

---

[41] Hierbei wurden nicht nur direkte Kosten durch Bankenrettung, Konjunkturprogramm etc. gezählt, sondern auch erwartete geringere Steuereinnahmen, höhere Kosten für Arbeitslosigkeit, fällige Garantien etc.

[42] Die Berechnung der Szenarien erfolgt auf Basis einer Schätzung des zukünftigen Wirtschaftswachstums und der Dauer der Wirtschaftskrise [Dullien, 2011: 22].

5.1.3 Einschnitte in den Wohlfahrtsstaat

Nachdem die ersten Krisensymptome beseitigt waren, hat auch die deutsche Bundesregierung zwei Sparprogramme verabschiedet. Das erste Sparprogramm nahm aber den Wohlfahrtsstaat weitestgehend von Einsparungen aus und fokussierte sich beispielsweise auf Kürzungen bei der Bundeswehr und Stellenstreichungen im Öffentlichen Dienst [Vis, 2011: 348f].

Änderungen im System der wohlfahrtsstaatlichen Sicherung ergaben sich aus dem zweiten Sparpaket. Einschnitte in den Wohlfahrtsstaat sind durchaus schwer zu erkennen. Auffällig wird dies bei den veränderten Regelungen für Familien mit Kindern. So wurde der Kinderfreibetrag von 7.008 EUR auf 8.004 EUR pro Jahr und Kind erhöht und das Kindergeld von 164 EUR auf 184 EUR[43] monatlich erhöht. Die Kinderfreibeträge können von vielen Menschen mit kleinen und mittleren Einkommen nicht ausgeschöpft werden[44], während Eltern in Arbeitslosengeld II (ALGII) keinen Anspruch auf Kindergeld haben. Gleichzeitig – und dies war der von der Öffentlichkeit am stärksten beobachtete Einschnitt in den Sozialstaat – wurde für Eltern mit jungen Kindern in ALGII das Elterngeld[45] nunmehr auf die Zuweisungen der Transferleistungen angerechnet, da sich das ALGII in nahezu allen Fällen oberhalb des zu erwartenden Elterngeld bewegt, ist das Elterngeld faktisch weggefallen[46]. Hiermit ergibt sich ein Dreiklang: hohe und mittlere Einkommen profitieren durch die Kinderfreibeträge und/oder das Kindergeld, untere Einkommen (ohne ALGII) profitieren immerhin noch von der Erhöhung des Kindergeldes und ALGII-Bezieher mit jungen Kindern werden im Gegensatz zur vorherigen Regelung

---

[43] 184 EUR für die ersten beiden Kinder, 190 für das dritte Kind und 215 EUR für jedes weitere Kind [Boeckh, 2011: 298].

[44] Nur rund 10% der Eltern können die Kinderfreibeträge ausschöpfen, der überwiegende Teil erhält nur das Kindergeld, da der Kinderfreibetrages (etwa 2/3) mit dem Kindergeld verrechnet wird [Boeckh, 2011: 298f].

[45] ALG II-Bezieherinnen und Bezieher mit Kindern hatten bis 01.01.2011 Anspruch auf das Mindestelterngeld in Höhe von 300 EUR, die nunmehr komplett weggefallen sind [Boeckh, 2011: 303].

[46] Das Elterngeld wurde ab Juni 2010 auch für Eltern, die Reichensteuer zahlen, gestrichen, also für zu versteuernde Einkommen von über 250.000 Euro (Single) bzw. 500.000 Euro (Ehepaare) [Butterwegge, 2012: 299].

schlechter gestellt [Butterwegge, 2012: 294-298]. Begründet wurden diese Änderungen im ALG II ausschließlich mit der Stärkung der „Anreize zur Aufnahme einer sozialversicherungspflichtigen Beschäftigung" [Bundesregierung, 2010]. Faktisch hat das zu einer Umverteilung von unten nach oben geführt, wurden also Familien mit hohem Einkommen besser gestellt, Familien mit niedrigem Einkommen wiederum schlechter.

Weitere Einschnitte vollzogen sich ebenfalls bei den Bezieherinnen und Beziehern von ALGII. So wurde ab Oktober 2010 der Zuschuss zum Übergang von ALGI zu ALGII gestrichen. Dieser betrug 160 EUR pro Monat für Erwachsene und 60 EUR für Kinder im ersten Jahr und halbierte sich im zweiten Jahr. Dieser wurde ersatzlos gestrichen. Gleichzeitig wurden 1,8 Mrd. EUR gespart durch das Streichen der Rentenversicherungsbeiträge für Bezieherinnen und Bezieher von ALG II [Butterwegge, 2012: 299f].

Die größten Einsparungen sollen im Bereich der aktiven Arbeitsmarktpolitik vollzogen werden. So sind viele Weiterbildungen, Förderungs- und Integrationsmaßnahmen von Pflichtleistungen zu Ermessensleistungen umgewandelt. Eingespart wurden/ werden im Jahr 2011: 2 Mrd. EUR, 2012: 4 Mrd. EUR und ab 2013 jeweils 5 Mrd. EUR[47]. Darüber hinaus wurden die zur Verfügung stehenden Mittel für 1-Euro-Jobs und den Gründungszuschuss beschnitten [ebd.: 300]. Dies belegt auch eine Erhebung des Paritätischen Gesamtverbands. So ist bei einem Vergleich der bereitgestellten Fördermaßnahmen März 2012 mit März 2010 folgendes zu beobachten: -42% in den gesamten Fördermaßnahmen, -55% bei Arbeitsangelegenheiten und -80% bei den Beschäftigtenzuschüssen. In einer internen Untersuchung bei seinen Mitgliedsorganisationen ermittelte der Paritätische Gesamtverband auch eine sinkende Qualität der Fördermaßnahmen. Die angebotenen Maßnahmen werden kürzer, die sozialpädagogische Begleitung

---

[47] Aus dem Bundeshaushalt wurden 2011 (bereits reduziert) Arbeitsförderungen in Höhe von 8,0 Mrd. Euro finanziert. Hinzu kommen Eingliederungshilfen in Arbeit in Höhe von 5,3 Mrd. Euro [BMAS, 2011]. Der Anteil des Bundeshaushaltes an der aktiven Arbeitsmarktpolitik soll damit ab 2013 im Vergleich zu 2011 um etwa um 30% sinken. Neben den Mitteln aus dem Bundeshaushalt fließen geringe Eigenmittel der Bundesagentur und Mittel aus dem Europäischen Sozialfonds in die aktive Arbeitsmarktpolitik.

eingeschränkt und die Qualifizierungsanteile der Maßnahme verringert [Paritätische Gesamtverband, 2012a: 3].

Im Bereich der Krankenversicherung gab es neben der zentralen Strukturänderung zum Gesundheitsfonds nur eine Einsparmaßnahme. Die maximale Zuzahlungsgrenze von 1% (das entspricht maximal 37,50 EUR pro Monat) des versicherungspflichtigen Einkommens für Zusatzbeiträge, wurde zum 1. Januar 2011 abgeschafft. Hiervon wird bisher nur zögerlich Gebrauch gemacht [Butterwegge, 2012: 319].

Es gab sogar nach der akuten Krisenreaktion, also der unmittelbaren Staatsintervention nach dem Kollaps von Lehman Brothers, noch Ausweitungen des Wohlfahrtsstaates, so wurde der Beitragszuschuss aus dem Bundeshaushalt zur Krankenversicherung angehoben, um Beitragssteigerungen für Versicherte zu verhindern und die Renten wurden stärker erhöht als vorgesehen[48] [Brenke, 2010: 42].

5.1.4 Fazit

Zwar fanden in Deutschland recht wenige Einsparungen statt. Allerdings führt Wolfgang Streeck das auch auf Einsparungen zurück, die vor der Wirtschaftskrise stattgefunden haben.

> „Die Maßnahmen der Schröderschen „Agenda 2010" haben ohnehin, zusammen mit den vorher unter Kohl und nachher unter der Großen Koalition vorgenommenen weiteren Einschnitten, den Spielraum für zusätzliche Einsparungen nachhaltig verkleinert; der größte Teil dessen, was heute als Konsolidierungsreserve dienen könnte, ist bereits weggespart. Beispielsweise liegt die Eckrente heute schon gefährlich nah am Sozialhilfesatz und damit an einem Punkt, wo die Verfassungsmäßigkeit des beitragsfinanzierten Rentensystems zum Problem werden könnte. Weitere Einschnitte in soziale Leistungen sind deshalb nicht ausgeschlossen und sind im Gegenteil sogar zu erwarten, sie werden aber nicht dramatisch ausfallen können und sich über die Jahre verteilen müssen." [Streeck, 2010b: 170].

Die großen Sozialreformen in Deutschland haben damit weniger auf Grund des exogenen Schocks der Wirtschaftskrise, als vielmehr auf Grund des internen Drucks und der Finanznot der Sozialversicherungen stattgefunden. Das ein innovativer policy-Wandel, also eine Pfadwechsel im deut-

---

[48] Die Renten werden normalerweise an die durchschnittliche Steigerung der Reallöhne abzüglich des Riester-Faktors angepasst. Der Riester-Faktor wurde 2009 ausgesetzt.

schen politischen System, trotz der ihm inhärenten Reformblockaden, möglich ist, das hat schon Christine Trampusch zur Riester-Reform aufgezeigt [Trampusch, 2006: 55-59]. Ebenso die Agenda 2010, die zu einer vollständigen Veränderung des Systems der Arbeitslosenversicherung führte und die Änderung in der Organisation der Krankenversicherung durch die Einführung des Gesundheitsfonds haben die Möglichkeit eines Pfadwechsels bewiesen.

Deutschland strebte eine neo-merkantile Strategie in der Wirtschaftspolitik in dem vergangenen Jahrzehnt an.

> „Germany combined a strategy of wage restraint and welfare state reforms, which led to a dramatic increase in income inequality and a stagnation of private consumer demand, with a retrenchment of the state and highly restrictive fiscal policies." [Hein, 2011: 17]

Es wurde eine Politik der Lohnzurückhaltung und der Wohlfahrtsstaatsreformen und Beschneidungen der Leistungen umgesetzt. Daraus resultierte eine Zunahme der Einkommensungleichheit und ein Sinken der Lohnstückkosten[49], was wiederum die Exportfähigkeit der deutschen Wirtschaft stärkte [ebd.: 17] und damit das Wirtschaftswachstum förderte. Die Importe der europäischen Nachbarn haben wie Konjunkturpakete für die deutsche Wirtschaft in Höhe von 100 bis 300 Mrd. Euro gewirkt, während sich gleichzeitig die Reallöhne in Deutschland verringert haben [Dauderstädt, 2009].

> „Germany looks likely to emerge the sure-fire winner in this context. With the euro's exchange rate depressed by worries about the debt default in parts of the Eurozone, Germany's hidden bonus from creation the Euro is a much greater export competitiveness than if the Deutschmark had remained an independent currency."[50] [Liddle, 2010: 86].

Deutschland hat einen Vorteil beim Export durch die Einführung des Euros. Die Stärke des deutschen Exports, besonders resultierend aus der Senkung der Lohnstückkosten und einer zu niedrigen Währung, im Vergleich zur Produktivkraft des Standortes, wirkte belebend für die deutsche Wirtschaft. Es scheint, als wäre Deutschland der große Gewinner in Euro-

---

[49] Die Lohnstückkosten werden allgemein definiert, als die Lohnkosten, die je Produktionseinheit anfallen. Definiert sind diese als die gesamtwirtschaftliche Relation von Arbeitsentgelten zum BIP.
[50] Sollte der Euro abgeschafft werden und die D-Mark wieder eingeführt werden, gehen Experten derzeit von einer Aufwertung der Währung um 40% aus [Greven, 2012].

pa der Wirtschaftskrise gewesen. Es darf aber nicht vergessen werden, dass dies mit einer hohen Abhängigkeit vom Export und einer niedrigen Binnenkonjunktur geschafft wurde. Die wirtschaftliche Prosperität der Nachbarländer ist damit entscheidend für die Wirtschaft in Deutschland. Ein Scheitern des Euro und damit eine deutliche Reduzierung des Exports hätte auch für die deutsche Wirtschaft gravierende Folgen.

5.2. Die Wirtschaftskrise und der Wohlfahrtsstaat im Vereinigten Königreich

5.2.1 Aufbau Wohlfahrtsstaat

Wesentliche Bestandteile des Wohlfahrtsstaates im Vereinigten Königreich basieren auf den Vorschlägen von Sir William Beveridge. Er leitete einen Regierungsauftrag zur Entwicklung eines wohlfahrtsstaatlichen Systems und legte 1942 einen Bericht vor. Hierbei wurde folgendem Prinzip gefolgt: „flat rate subsistence benefit, flat rate of contribution, unification of administrative responsibility, adequacy of benefit, comprehensiveness and classification". Dies führte zu einem Universalismus bei der Erbringung staatlicher Leistungen. „Unemployment benefit will continue at the same rate without means test so long as unemployment lasts. [...] Medical treatment covering all requirements will be provided for all citizens by a national health service (NHS) organised under the health departments". Finanziert werden sollte nach seinen Vorschlägen der Wohlfahrststaat durch „equal compulsory contributions". [Beveridge, 1942: 9-15.]. Die Finanzierung des Wohlfahrtsstaates wird heute nahezu ausschließlich durch Steuern gewährleistet.

Die Arbeitslosenunterstützung ist mit dem deutschen Arbeitslosengeld nicht zu vergleichen. Arbeitslosen wird Jobseeker Allowance (JSA) gezahlt. „This allowance consists of two parts: a flat-rate contribution-based JSA for a maximum of six months, and an income-based, means-tested JSA, which is not limited in duration." Die JSA wird durch die lokalen Job Centers gezahlt, die als eigenständige Agenturen operieren. Sie erhalten neben den auszuzahlenden JSAs Geldzuweisungen je nach vermittelten Arbeitslosen um Trainingsprogramme, Eingliederungen und private Vermittlungen zu finanzieren. Weder die lokalen Behörden, noch Sozialpartner, wie Gewerkschaften oder Arbeitgeberverbände, haben einen Anteil an der Bereitstellung der JSA [Berkel, 2009: 21f].

Die Gesundheitsversorgung im Vereinigten Königreich wird durch den staatlichen NHS gesichert. Dieser garantiert für alle Menschen, die ihren Wohnsitz im Vereinigten Königreich haben, eine kostenlose Gesundheitsversorgung [Stevens: 2004: 1ff].

Das Rentenversicherungssystem ist in UK weitestgehend privat über Kapitalmarktprodukte finanziert. Es existiert eine staatliche Grundrente, die auf die privat organisierte Rente angerechnet wird. Sie deckt die Grundsicherung ab. Es gibt darüber hinaus Zuschüsse für Beschäftigte, die aus eigener Leistung keinen Beitrag in eine private Altersvorsorge leisten können [Clasen: 2011: 160-167]

5.2.2 Auswirkungen der Wirtschaftskrise im Vereinigten Königreich

Auch in UK sind zu Beginn der Krise die Ausgaben für den Wohlfahrtsstaat gestiegen. Von 23,2% des BIP in 2007 auf 29,2% in 2009 [Eurostat, 2012d][51]. Dies wird auf die gestiegene Arbeitslosigkeit zurückgeführt. So waren im Februar 2012 8,1% der Britinnen und Briten arbeitslos. Die Jugendarbeitslosigkeit (16-24 Jahre) stieg im selben Monat auf 21,7% an [Eurostat, 2012g].

Die akute Bekämpfung der Finanzkrise im Vereinigten Königreich erforderte immense Summen. So wurden die Banken Northern Rock und eine der vier Großbanken des Vereinigten Königreichs, die Royal Bank of Scotland, verstaatlicht und mit großen Summen vor der Insolvenz bewahrt.

---

[51] Neuere Zahlen wurden von Eurostat bisher nicht veröffentlicht.

Dafür wurden rund 575 Mrd. Euro ausgegeben. Darüber hinaus wurde ein Konjunkturpaket von etwa 23 Mrd. Euro aufgelegt, welches in erster Linie Infrastrukturmaßnahmen finanzierte. Es wurde die Mehrwertsteuer temporär von 17,5% auf 15% abgesenkt[52]. Eingliederungshilfen für Arbeitslose (länger als sechs Monate) in Höhe von £ 2500 an den neuen Arbeitgeber oder die neue Arbeitgeberin wurden eingeführt und es wurden etwa 3,4 Mrd. Euro für Fortbildungen und Trainingsmaßnahmen für Arbeitslose ausgegeben [Chung, 2011: 362].

Allerdings war die Wahl zum neuen Unterhaus 2010 und der folgende Regierungswechsel von der Labour Party zur Koalitionsregierung bestehend aus Conservatives und Liberal Democrats der Ausgangspunkt zu einem harten Sparprogramm. „The basis of the coalition agreement is the seeming acceptance of the need for urgent and significant fiscal rebalancing." [Hay, 2010: 395].

5.2.3 Einschnitte in den Wohlfahrtsstaat

Im Vereinigten Königreich sind mehrere Maßnahmen geplant oder bereits umgesetzt. Die Koalitionsregierung hat nach ihren Amtsantritt einen Plan vorgelegt, das gesamte Budget um £ 30 Mrd. pro Jahr bis 2014 zu senken[53]. Hiervon sollen £ 13 Mrd. auf den Wohlfahrtsstaat entfallen [Vis, 2011: 348].

Peter Taylor-Gooby argumentiert:

> „The social program of the 2010 UK Conservative-Liberal Democratic government is of interest because it represents the most far-reaching and precipitate attempt to achieve fundamental restructuring in an established welfare state in a larger Western economy in recent years." [Taylor-Gooby, 2012:61].

Dabei sollen die größten Anteile auf ein Einfrieren der Kinderzuschläge, Verminderung der Steuererleichterungen für Familien, die Deckelung der Wohnungsunterstützungen und eine striktere Bewilligung für medizini-

---

[52] Im Januar 2011 wurde diese von 15% auf 20% und Steuern auf Benzin, Alkohol und Tabak angehoben [Leventi, 2010: 13]. Die Steuer auf Tabakprodukte wird im Haushaltsjahr 2012-13 erneut um 5% oberhalb der Inflationsrate erhöht [Watt, 2012].

[53] Die Gesamtausgaben des Staatshaushaltes betragen im Haushaltsjahr 2011-12 £710 Mrd. [HM Treasury, 2011: 6]

sche Hilfen, besonders für behinderte Bürgerinnen und Bürger, entfallen. Es wird für Babys kein Kindergeld mehr gezahlt und für Bürgerinnen und Bürger mit hohem Einkommen entfällt generell der Anspruch auf Kindergeld. Es wurden Beihilfen zur Council Tax (lokale Steuer auf den Hausbesitz für die Kommune) abgeschafft. Die Steuerfreibeträge zur Rentenversicherung wurden für vier Jahre eingefroren. Gleichzeitig soll das ganze Wohlfahrtsystem umgebaut werden. Der Weg führt vom Universalismus Beverdigs zu einem Fallsystem mit einer stärker kontrollierte Bewilligung von Unterstützungen [Vis, 2011: 348; Leventi, 2010: 13].

Es wurde im Vereinigten Königreich auch das System der „Housing Benefits", also das Äquivalent zum deutschen Wohngeld, komplett reformiert. Wohngeld orientiert sich zukünftig an der Höhe der Miete des 30. Perzentils in einem Gebiet und nicht mehr am Median. Es kann aber unabhängig (also auch in sehr teuren Wohngebieten) nur eine maximale Höhe und auch nur noch maximal das Wohngeld für einen vier Personen Haushalt, auch wenn der Haushalt mehr Personen umfasst, beantragt werden [Leventi, 2010: 13]. „In one stroke millions of low paid families are to be excluded from living in hundreds of towns, cities and villages where they no longer earn enough to ‚deserve' to be" [Dorling, 2011: 15].

Außerdem gibt es eine pauschale Kürzung der Leistungen um 10% für Bezieherinnen und Bezieher von JSA nach mehr als 12 Monaten. Ebenfalls pauschal gekürzt wird bei Antragsstellerinnen und Antragsstellern zwischen 25 und 35 Jahren [Leventi, 2010: 13].

Im Vereinigten Königreich steigen, gesetzlich festgelegt, die Sozialleistungen automatisch mit der Inflation. Zukünftig soll aber mit einer neuen Inflationsberechnung gearbeitet werden, welche traditionell deutlich niedrigere Werte angibt, damit werden die Sozialleistungen zukünftig weniger stark angepasst. Hierdurch sollen ab 2014-15 rund £ 5,8 Milliarden pro Jahr gespart werden. Dieser Einschnitt führt zu einer jährlichen prozentualen Absenkung der Leistungen im Gegensatz zu den Lebenshaltungskosten. Durch die jährliche prozentuale Absenkung nimmt die Einsparsumme gegenüber des Status quo mit der alten Inflationsberechnung jährlich zu [Brewer, 2011: 4].

Eine weitere wesentliche neue Einschränkung ist die Kappung aller Sozialleistungen für einen Haushalt, selbst wenn nach dem Addieren der Einzelleistungen einer Familie mehr zugestanden werden müsste. Alle Sozialleistungen sind bei £ 500 pro Woche gedeckelt (£ 350 pro Woche für Singles ohne Kinder). Es können damit keine neuen oder weiteren Sozialleitungen beantragt oder in Anspruch genommen werden [Leventi, 2010: 14]. „Large families are especially penalized by the cap on housing benefits and total benefits, justified by a policy of ensuring those on benefits do not fare better than those at work." [Grimshaw, 2012: 115].

Des Weiteren werden die maximalen Studiengebühren nahezu verdreifacht und steigen von maximal £ 3290 auf maximal £ 9000 an [Esterházy, 2010: 42].

Im Schnitt muss jedes Ministerium seine Ausgaben pauschal um 25% reduzieren, auch dürften eine halbe Million Stellen, besonders Personalstellen des NHS, gestrichen werden und die Gehälter im Öffentlichen Dienst werden vorerst bis 2014/2015 eingefroren [ebd.: 42]. Nach Berechnungen des Office for National Statistics sind im Jahr 2011 bereits 270.000 Stellen weggefallen, damit wurde die Beschäftigtenzahl im Öffentlichen Dienst auf insgesamt 5,94 Millionen reduziert [Stewart, 2012]. Ebenso wird erwogen die Gehälter zukünftig nach den Durchschnittseinkommen in den Regionen zu zahlen, damit würden Beschäftigte im Öffentlichen Dienst in ärmeren Regionen weniger Gehalt erhalten, als in reicheren Regionen [Wintour, 2012]. Darüber hinaus soll das Pensionsalter von 65 auf 66 bis 2020 angehoben werden [Grimshaw, 2012: 117].

Die Arbeitsmarktpolitik und die Bezahlung im Öffentlichen Dienst sollen sich zukünftig verstärkt am Niedriglohnsektor orientieren, statt den Median der Gesellschaft herzustellen, soll nur noch die Basis garantiert und angestrebt werden. Hierbei liegt die These einer Generierung von Arbeitsstellen im Niedriglohnsektor zu Grunde.

> „Thus public sector workers should be outsourced or their pension entitlements reduced, simply because they have better benefits and face less job insecurity in the recession than some private sector workers. Fairness is a term that has been hijacked to justify leveling down rather than raising the floor." [Grimshaw, 2012: 122].

Der ursprüngliche Sparplan wurde mehrfach verändert und die Sparanstrengungen verstärkt. Im März 2012 wurde das Budget für das nächste britische Haushaltsjahr (2012-2013) vorgelegt. Dies sieht weitere Einsparungen bei den direkten Zahlungen von Sozialleitungen vor. Es sollen etwa weiter £10 Mrd. eingespart werden. Als Ausgleich wurde der Steuerfreibetrag erhöht, der aber wiederum nicht allen Menschen zugute kommt. Tom Clark resümiert im Guardian: „ The poor who rely on benefits, who were already in line for £ 18bn in cuts each year, learned yesterday that the chancellor has them in his sights for another £10bn. They don't pay income tax so higher allowances will not help them one jot with meeting the costs of higher VAT or anything else." [Watt, 2012].

Die harten Einschnitte in den Sozialstaat des Vereinigten Königreiches werden noch über einen anderen Weg umgesetzt. Im Vereinigten Königreich werden viele freiwillige Sozialleistungen über die Kommunen erbracht. Diesen wird dafür ein Budget zugewiesen, welches die Kommune mit eigener politischer Prioritätensetzung in lokale Projekte verausgaben kann. Durch Einsparungen von diesen Zuweisungen werden auch hier Sozialprojekte gestrichen.

> „This cross-section of cuts show how, across the country, local authorities are dispensing with „discretionary services" – extra free childcare, afterschool play schemes, lunch clubs for elderly people, youth clubs – so that from now on they will provide only the bare statutory minimum services, and even these will be whittled down." [Gentleman, 2012][54].

Neben den einzelnen Einsparungen, die sich bis 2015 auf mindestens £ 20 Mrd[55]. im Gesundheitssystem summieren sollen[56], steht der NHS[57] für eine

---

[54] Der Guardian hat eine Liste angefertigt, in der alle bekannten Projektschließungen im Vereinigten Königreich angelegt sind. Diese umfassen beispielsweise die Streichung der Aids-Hilfe, Begleitung von Blinden, Hilfestellung beim Asylverfahren, Trainingsmaßnahmen für arbeitslose Jugendliche, Hilfsprogramme für Opfer sexueller Gewalt, Hilfen für Alkoholikerinnen und Alkoholiker, Freizeitbeschäftigungen für Jugendliche [Guardian, 2012].
[55] Die genaue Einsparsumme soll erst im Laufe der Zeit festegelegt werden. Es werden mindestens £ 20 Mrd. angesetzt bis 2015. Diese Summe kann aber auf bis zu £ 50 Mrd. bis 2019 steigen.

strukturelle Reform im Mittelpunkt. Der NHS war eines der Hauptprojekte der Regierung von Tony Blair und der Labour Party und die Ausgaben für den Gesundheitssektor wurden im vergangenen Jahrzehnt mehrfach angehoben.[58] Der NHS soll nach dem NHS White Paper nicht nur Einsparungen erreichen, vielmehr soll der Gesundheitsmarkt für private Anbieter stärker, nämlich auch für Versicherte des NHS, geöffnet werden [Taylor-Gooby, 2011b: 6, 9]. Anbieter innerhalb des NHS sollen untereinander konkurrieren. Ärztinnen und Ärzte einer Region können beschließen, einzelne Leistungen zukünftig nicht mehr anzubieten und an private Dienstleister zu vergeben. Hierzu wird eine Kommission von lokalen Hausärztinnen und Hausärzten gebildet, die über die Zulassung von privaten Anbietern entscheidet. Danach kann der Patient oder die Patientin zwischen den Anbietern einer Gesundheitsleistung frei wählen. Auch wird diese Kommission ein Budget verwalten, aus dem alle Gesundheitsleistungen einer Region beglichen werden. Die Faculty of Public Health (FPH) opponiert gegen diese Reformen und argumentiert: „Operation of choice in an environment of multiple providers will disadvantage those who are less educated, have reduced access to resources such as internet, or for other reasons are less able to navigate the healthcare market." Die Reformen setzen entsprechend ein autonomes Subjekt als Konsumentin oder Konsument voraus und informierte Bürgerinnen und Bürger. Bürgerinnen und Bürger mit niedrigen sozioökonomischen Status werden Schwierigkeiten haben, diesen Anforderungen gerecht zu werden. Außerdem befürchtet die FPH ein Ansteigen der administrativen Kosten und die Versuchung, mehr Gesundheitsleistungen anzubieten, als nötig sind [Campbell, 2012]. Auch die Vereinigung der britischen Ärztinnen und Ärzte, die British Medical Association (BMA), sonst eher als korporatistische Organisation des

---

[56] Nach einer hausinternen Studie, des NHS bei der alle Führungskräfte befragt wurden, erwartet die Hälfte von ihnen ein starkes Sinken der Qualität des NHS [Ramesh, 2012: 4].
[57] Es ist "nur" der NHS in England betroffen. Die Einrichtungen des NHS Scotland, NHS Wales und NHS Northern Ireland werden durch die lokalen Behörden vor Ort administriert.
[58] Sie stiegen die Ausgaben zwischen den Haushaltsjahr 1999-2000 und 2007-08 um durchschnittlich 5,2% pro Jahr [Grimshaw, 2012: 118].

Gesundheitswesens bekannt, opponiert gegen das Reformvorhaben Sie kritisierent, dass die Reformen ohne Vision, welches Ziel erreicht werden soll und wie ein zukünftiger NHS aussehen soll, verabschiedet werden [BMA, 2011]. Darüber hinaus kritisieret diese den stärkeren Zugang für Privatfirmen im Gesundheitssystem. "The vast majority [of individuals affected by negative benefits decisions] succeed on appeal, so it causes great upset and makes money for the private companies who are crunching these people through the system — and it's unnecessary." Der Sparplan der Regierung wird als inhuman und als Angriff auf Patientinnen und Patienten mit niedrigen Einkommen charakterisiert [BMA, 2012].

5.2.4 Fazit

Das Institute for Fiscal Studies (IFS) errechnete, dass die Sparmaßnahmen das unterste Einkommensdezil mehr als doppelt so stark trifft, wie das oberste Dezil. Es existiert die Vorhersage, dass das unterste Dezil mit Einkommenseinbußen von 7% bis 2014-15 rechnen muss. 72% der Einsparungen werden Frauen treffen [Taylor-Gooby, 2011b: 8], weil besonders alleinstehende Mütter von den Einschränkungen und Streichungen beim Kindergeld betroffen sind. „The likely outcome is an increase in poverty and inequality in the next few years." [Taylor-Gooby, 2012: 65; 78].

> „Right now, there is no doubt that what is happening is historic. The coalition has announced the biggest single set of spending cuts since at least the Second World War - £ 81 billion of them. Many affect the welfare state" [Timmins, 2011: 2].

Nach dem Regierungswechsel von der Labour Party zur Koalitionsregierung aus Conservatives und Liberal Democrats wurde auch eine ideologische Wende propagiert.

> „An ideologically driven project committed to realising a new vision of how Britain can secure an identity and achieve confident economic growth in a globalised and intensely competitive world, or as a tactical political program designed to achieve victory in future elections. [...] The slogan ‚never waste a good crisis' sums up this approach" [Taylor-Gooby, 2011b: 10, 12].

Die NHS-Reformen dürfen wohl unter diesen Gesichtspunkt zu bewerten sein. Auch Lorraine Frisina Doetter und Ralf Götze argumentieren: „Our findings suggest that periods of acute economic downturn versus those

of relative stability do not produce inherently different policy solution."
[Doetter, 2011: 502]. Diese Annahme wurde durch die Untersuchung aller ökonomischen Schwächephasen seit dem 2. Weltkrieg belegt und hierbei gehen die Autorinnen und Autoren davon aus, dass diese Krisen nie zu einem Systemwechsel führen mussten. Dies würde eine These eines ideologischen Wechsels im Gesundheitssektor stützen. In diese Richtung argumentiert auch Damien Grimshaw:

> „Our analysis of its 15 months in power suggests the coalition is intent on a withdrawal of the state that can be characterized as an attempt to make the UK model fit the textbook model of a liberal market economy[59] with a residual welfare state, something that has been resisted even in the heyday of Thatcherism" [Grimshaw, 2012: 107]

Peter Taylor-Gooby schlussfolgert: „Britain has abandoned its attempt to join the European tradition of state welfare and is making a decisive move towards the US/liberal model of market capitalism. [Taylor-Gooby, 2011a: 12]. Die Krise öffnete ein Window of Opportunity für die Reform des Gesundheitssystems und dies wurde von der Koalitionsregierung genutzt um ihr eigenes politisches Programm durchzusetzen. Eine Folge der Wirtschaftskrise für die Durchsetzung der NHS-Reform ist nicht ersichtlich.

Die Staatsverschuldung im Vereinigten Königreich ist selbst während der Krise nicht auf außerordentlich hohes Niveau gestiegen, befindet sich vielmehr auf vergleichbarer Höhe Deutschlands und unterhalb der USA, auch sind die Kredite des Vereinigten Königreiches sehr langfristig orientiert und keine Ratingagentur hat bisher eine Befürchtung zu einer Herabstufung geäußert. Eine direkte „Not" zu Reformen kann aus der Kreditwürdigkeit und den Schuldenstand UKs nicht resultieren [Taylor-Gooby, 2011b: 4].

---

[59] Liberale Marktökonomie nach nach Peter Hall und David Soskice stellen eine deregulierte Form des Kapitalismus dar. Der Staat nimmt nur Basisaufgaben, wie Regulierungen, die unbedingt nötig sind, wahr.

5.3. Die Wirtschaftskrise und der griechische Wohlfahrtsstaat

5.3.1 Aufbau Wohlfahrtsstaat

Der griechische Wohlfahrtsstaat gehört zu den spät entstandenen Wohlfahrtsstaaten des mediterranen Raums. Allerdings hat dieser in den letzten Jahrzehnten ein ähnliches Ausgabenniveau wie Länder Kontinentaleuropas erreicht [Glennerster, 2010: 691]. Es lag nur leicht unter den 25% des BIP, was dem Durchschnittsausgaben der EU-25 entspricht [Yfantopoulos, 2007: 331].

Die Quote von Menschen, die von Armut bedroht ist, lag in Griechenland (vor der Finanzkrise) deutlich über dem Durchschnitt aller EU Staaten. Mit einer Definition von unter 60% des Medianeinkommens erreichte Griechenland in 2003 einen Wert von 21%, während in der gesamten EU nur 16% aller Menschen von Armut bedroht wurden. Besonders Menschen über 65 Jahren sind von Armut bedroht, hier liegt der Wert sogar bei 33% [ebd.: 333]. Dies ist umso erstaunlicher, als die Rentenversicherung das Rückgrat des griechischen Wohlfahrtsstaates darstellt. Während in anderen sozialpolitischen Bereichen der Wohlfahrtsstaat nur begrenzt ausgebaut ist, lieferte das Rentensystem vor der Krise durchschnittlich 24,1% des verfügbaren Haushaltseinkommens, während alle anderen sozialpolitischen Programme zusammen durchschnittlich 3,2% des Haushaltseinkommens lieferten.

> „Historically, the Greek welfare state has been rather good at handing out pensions to well-paid workers in their early 50s (or earlier), but much worse at protecting low-income families or helping young people get a job or move out of the parental home. [...] „Institutional fragmentation is pretty extreme. Earnings-related retirement benefits were until recently paid out by hundreds of social insurance schemes, each subject to a bewildering array of rules."

Derzeit existiert eine Mindestrente von 320 EUR [Matsaganis, 2011: 503-510].

„It has often been argued that the distribution of social benefits and pensions in particular have been influenced by „political and clientelistic" relationships." Das Rentensystem wurde genutzt um Anhängerinnen und Anhänger der einzelne Gruppen (Berufsstände, Öffentlicher Dienst) oder das Klientel der Regierungspartei zu versorgen. Dafür wurden neue Programme aufgelegt, alte immer wieder verändert und dies führte zur Fragmentierung des Rentensystems. Es gab mehrere Ansätze, das Rentensystem mit seiner hohen Fragmentierung zu reformieren. Auch die Bedeutung des Rentensystems, welches 66% der gesamten Sozialausgaben (12% des BIP) beansprucht, sollte verringert werden [Yfantopoulos, 2007: 337]. Besonders unter dem Aspekt der demografischen Entwicklung sollte eine Reform durchgeführt werden, da Griechenland (ähnlich wie weitere Länder Südeuropas) zu einer starken Alterung der Gesellschaft tendiert. 1974 lag das Verhältnis zwischen Rentenbezieherinnen und Rentenbezieher und Menschen zwischen 15 und 65 noch bei 3,58, also 3,58 Menschen zwischen 15 und 65 Jahren kamen auf einen Rentenbezieher, später sank dieses Verhältnis auf 1,74 im Jahr 2006 ab [Yfantopoulos, 2077: 342].

Das Gesundheitssystem wird im Wesentlichen durch einen nationalen NHS-Service getragen, der durch private Leistungen (Gutscheinsystem, Privatärztinnen und Privatärzte etc.) ergänzt wird [ebd.: 338ff].

Eine Arbeitslosenversicherung existiert in Griechenland nur auf sehr geringem Niveau. Es gab beim Ausscheiden aus einem Arbeitsverhältnis für maximal ein Jahr Arbeitslosenhilfe in Höhe von 461 EUR. Seit dem 01.01.2012 werden als Arbeitslosenhilfe nur noch 322 EUR gezahlt. Eine Grundsicherungsäquivalent zum deutschen Arbeitslosengeld II existiert nicht [Kwasniewski, 2012]. Diese Arbeitslosenhilfe ist aber an strikte Bedingungen geknüpft. Es muss an mindestens 125 Arbeitstage in den letzten 14 Monaten ein versicherungspflichtiges Arbeitsverhältnis mit Zahlung in die Arbeitslosenversicherung bestanden haben, insgesamt aber mindestens 80 Tage jeweils in den letzten beiden Jahren. Sollten diese Voraussetzungen erfüllt sein, wird 5 Monate Arbeitslosenhilfe gezahlt, bei längerer Dauer des Arbeitsverhältnisses bis zu maximal 12 Monate. Die ist nicht abdeckend für alle Bevölkerungsgruppen. Es existiert keine Absicherung bei Berufseinsteigerinnen und Berufseinsteigern, Langzeitarbeitslose, Arbeitnehmerinnen und Arbeitnehmern, die nicht in die Arbeitslosenversicherung einzahlen, sowie Selbstständige [Matsaganis, 2011: 508].

Das System der sozialen Sicherung wird wesentlich durch Beiträge zur Sozialversicherung von Arbeitgeberinen und Arbeitgebern, sowie Arbeitnehmerinnen und Arbeitnehmern getragen [Yfantopoulos, 2007: 336].

5.3.2 Auswirkungen der Wirtschaftskrise in Griechenland

Wie in Deutschland und im Vereinigten Königreich, so sind auch in Griechenland die Ausgaben für den Sozialstaat während der Krise gestiegen, von 24,8% im Jahr 2007 auf 28% im Jahr 2009 [Eurostat, 2012d][60]. Auch im Falle von Griechenland hängt dies mit dem Anstieg der Arbeitslosigkeit zusammen. Sie stieg in Griechenland im Frühjahr 2012 erneut deutlich an und erreicht 21,7% im Februar 2012. Die Jugendarbeitslosigkeit (unter 25 jährige) erreichte im selben Monat 52,7% [Eurostat, 2012g].

Der Anstieg der Staatsverschuldung auf 165,3% des BIP [Eurostat, 2012f: 17] wurde bereits in Kapitel 4.4 thematisiert.

Hier kann nur am Rande das Demokratiedefizit benannt werden. Griechenland steht faktisch unter Kuratel und muss sich bestimmten Vorgaben der EU, IWF und der EZB beugen und Reformen einleiten. Auch der Rückzug des griechischen Premierministers Papandreou am 9.11.2011 vollzog sich nicht freiwillig, vielmehr wurde er nach seinem Vorschlag zur Durchführung eines Referendums zu den griechischen Reformmaßnahmen und einer Unruhe an den Finanzmärkten aus dem Amt gedrängt und durch den Wirtschaftswissenschaftler Lukas Papademos ersetzt [Beckert, 2012: 9]. Gregor Kritidis formuliert dazu: „Die parlamentarische Demokratie ist kaum mehr eine Attrappe, hinter der sich der autoritäre Maßnahmenstaat formiert." [Kritidis, 2011: 33].

Es fanden in Griechenland hunderten Demonstrationen statt, die häufig von den Gewerkschaften getragen wurden, aber zum Beispiel auch von

---

[60] Neuere Zahlen wurden von Eurostat bisher nicht veröffentlicht.

einem Bündnis, das sich übersetzt „Ich bezahle nicht!" nennt. Ein Bündnis, welches sich aus der Frustration über die Illegitimität der Politik zur Krisenbekämpfung etabliert hat.

> „This movement can be seen as an expression of social dissatisfaction and frustration caused by a government which had no clear mandate to do so. In this sense it is a clear manifestation of a legitimacy crisis whose effects are difficult to foresee." [Lyrintzis, 2011: 20f].

5.3.3 Einschnitte in den Wohlfahrtsstaat

Mit dem ersten Sparpaket im Frühjahr 2010, verbunden mit dem ersten „Rettungspaket" des Europäischen Stabilitätsmechanismus, wurden die Gehälter im Öffentlichen Dienst gekürzt. Das 13. und 14. Monatsgehalt wurde abgeschafft und ersetzt durch eine jährliche Zahlung von 1.000 EUR, die nur Beschäftigten mit einem monatlichem Bruttoeinkommen unter 3.000 EUR gewährt wird. Darüber hinaus wurden alle Zuschläge pauschal um 20% gekürzt. Die hohen Gehälter wurden bei 5.981 EUR gekappt und alle Gehälter auf dem Stand von 2009 (bis mindestens Ende 2012) eingefroren. Dies führte insgesamt zu einer Gehaltskürzung im Öffentlichen Dienst von 13,6% und in nachgeordneten öffentlichen Unternehmen von 9,7%. Das Sparpaket beinhaltete auch neue Steuerverfahren und einen Anstieg der Steuern auf Tabak, Alkohol, Benzin und Luxusgüter [Matsaganis, 2011: 3]. Die Mehrwertsteuer wurde von 19% auf 23% angehoben [Leventi, 2010: 11].

Die Einkommensteuer auf Renten ab 1.400 EUR pro Monat wurde eingeführt und auf stufenweise 3-10% der Rente ab Mai 2010 festgesetzt. Die Renten wurden auf der Höhe von 2009 eingefroren (bis mindestens Ende 2012) Die 13. und 14. Monatsrente wurde abgeschafft und durch eine jährliche Zahlung von 800 EUR für Renten unter 2.500 EUR monatlich für Rentnerinnen und Rentner über 60 Jahre ersetzt [Matsaganis, 2011: 4]. Auch Arbeitslosenunterstützung und sonstige Staatshilfen werden nun in die Einkommenssteuer einberechnet [ebd.: 11].

Es wurden auch Sozialprogramme gestrichen. Das Wohngeld und zusätzliche Rentenunterstützungen wurden seit 2010 suspendiert. Darüber hinaus wurde die Kollektivvertretung der Arbeiterinnen und Arbeiter abgeschafft und Bezahlungen unterhalb der geltenden Tarifverträge in Unternehmen möglich gemacht, ebenso wie eine Bezahlung unterhalb des offiziellen Mindestlohns[61] für Arbeitnehmerinnen und Arbeitnehmer unter 21 Jahren [Matsaganis, 2011: 4].

Im Frühjahr 2012 wurde Griechenland ein zweites Hilfspaket über 130 Mrd. EUR gewährt. Dies war aber wiederum mit Auflagen zu Einsparungen und zu Strukturreformen verbunden. Einsparungen im Sozialstaat werden in erster Linie im Krankenhaussektor vorgenommen. Es werden darüber hinaus Privatisierungen von vielen Staatsunternehmen getätigt. Eine genaue Übersicht, wo genau welcher Betrag gespart werden soll, liegt zum aktuellen Zeitpunkt noch nicht vor [Smith, 2012]. Im Februar 2012 veröffentlich die Süddeutsche Zeitung, dass etwa 30% aller Griechen keine Krankenversicherung mehr verfügen und etwa 40% des Krankenhausbudgets gestrichen wurde [Rühle, 2012]. Der Mindestlohn wurde erneut gesenkt und liegt nun bei 568 EUR (minus 22% [Zeit Online, 2012a]. Außerdem dürfen unter 25 jährige schon für 525 EUR angestellt werden [Kwasniewski, 2012]. Des Weiteren wurden die Gehälter im Öffentlichen Dienst erneut zwischen 10% und 20% rückwirkend zum 01.02.2012 abgesenkt und es sollen bis 2015 150.000 Staatsbedienstete entlassen werden. Die Renten wurden rückwirkend zum 01.01.2012 um 10-15% abgesenkt und sollen 2013 erneut um etwa denselben Betrag sinken [Knasniewski, 2012].

5.3.4 Fazit

Obwohl das Sparpaket in Griechenland sehr starken Einfluss auf die Sozialleistungen hatte, stellen Manos Matsaganis und Chrysa Leventi in ihrer Berechnung fest, dass alle Bevölkerungsteile betroffen waren und unter Einbeziehung der zeitgleichen Steuererhöhungen ausgewogen war. So hatte das unterste Zehntel 7,5% Einkommensverlust von 2010 gegenüber

---

[61] Der Mindestlohn in Griechenland liegt bei 4,13 EUR pro Stunde.

2009, die mittleren zwischen 8-9,9% und das höchste Dezil 11,6% zu verkraften [Matsaganis, 2011: 12]. Dies betrifft aber nur das erste Sparpaket, das Sparpaket des Frühjahres 2012 ist in die Berechnungen nicht eingeflossen.

Insgesamt summierten sich die beiden Sparpakete auf 17% des BIP [Kwasniewski, 2012]. Dies kann nur vor den Hintergrund bewertet werden, dass die durchschnittliche Einsparquote in 133 IWF-Programmen zur fiskalischen Anpassung bei durchschnittlich 1,7 % lag [Horn, 2011b: 3].[62]
Es stand aber auch mehrfach die Krisenstrategie des Euro-Raums für Griechenland in der Kritik. Der Versuch, sich aus der Krise heraus zu sparen (es sollen insgesamt 37,5 Mrd. Euro eingespart werden) sei zum Scheitern verurteilt, da mit den Einsparungen die Wirtschaftskraft einbricht. Die Schulden im Verhältnis zum BIP steigen trotz größter Sparanstrengungen an [Hans-Böckler-Stiftung, 2012].

Ein erstes Fazit versuchte auch Reiner Lenz im Juni 2011 zu ziehen:

> „Griechenlands Rettung durch IWF und EU ist gescheitert. Das 2010 mit der Vergabe eines Kredits in Höhe von 110 Mrd. Euro verordnete strikte Konsolidierungsprogramm hat genau das Gegenteil bewirkt: Die Rezession hat sich verstärkt, die Arbeitslosigkeit stieg und die Steuereinnahmen sanken." [Lenz, 2011: 1].

Und führende Wirtschaftswissenschaftlerinnen und Wirtschaftswissenschaftler aus Frankreich und Deutschland forderten den Teilerlass von Schulden für Griechenland und die Umwandlung der restlichen Schulden in Schulden mit der Haftung aller europäischen Staaten [Bofinger, 2011]. „Dringend notwendig ist die Korrektur des Hilfspakets für Griechenland. Die damit verbundenen wirtschaftlichen und sozialen Härten für die griechische Bevölkerung destabilisieren die Gesellschaft und gefährden darüber hinaus des sozialen Zusammenhalt der Europäischen Union insgesamt." [Altvater, 2010: 3].

Griechenlands Problem ist, dass es sich de facto in einer Fremdwährung verschuldet hat. Es stehen damit Griechenland keine Möglichkeiten zur

---

[62] Horn et al gingen in ihren Bewertungen noch vom ersten Sparpaket aus, das zweite große Sparpaket wurde erst im Frühjahr 2012 beschlossen, dennoch bewerteten diese die Anstrengung bereits als "beeindruckend" [Horn, 2011b: 2f].

Verfügung, beispielsweise künstlich eine Inflation zu erzeugen. Auch wird die Währung nicht automatisch mit der eigenen Leistungsfähigkeit abgewertet. Es bleibt nur der Weg, mehr Steuern einzunehmen oder weniger Ausgaben zu tätigen. Da dies aber im Zweifelsfall den schwachen Stand Griechenlands weiter verschlechtert, kann Griechenland so schnell in eine Spirale geraten [Horn, 2011a: 13f]. Diese Spirale entsteht, weil auf Grund der hohen Verschuldung Einsparungen getätigt werden müssen, diese Einsparungen aber zur verschärften Rezession führen und damit der Schuldenstand, prozentual zum BIP weiter steigt, gleichwohl gespart wird, daraus müssen weitere, noch stärkere Sparanstrengungen folgen, was wiederum eine Verschärfung der Rezession zur Folge hat.

Die Arbeitslosenversicherung fungiert in einer Wirtschaftskrise als „automatischer Stabilisierer" Durch zunehmende Arbeitslosigkeit während einer Wirtschaftskrise, einer Rezession, in einem Nationalstaat, wird Kaufkraft und damit Binnenkonjunktur eingebüßt. Die wegfallende Kaufkraft kann mit einer gut ausgebauten Arbeitslosenversicherung zumindest teilweise kompensiert werden, da Menschen durch ein System der materiellen Unterstützung finanziell aufgefangen werden. Dies kann nicht der Fall sein, wenn nur eine rudimentäre Abdeckung auf niedrigem Niveau existiert. Insbesondere die hohe Jugendarbeitslosigkeit wird, durch die Defizite in der Arbeitslosenversicherung, wirtschaftlich nicht kompensiert.

6. Fazit

6.1 Abschluss

Wir sind ausgegangen von der Hypothese: „Es ist in allen Wohlfahrtsstaaten zu Einschnitten gekommen, die Größe der Einschnitte richtet sich nach der Betroffenheit der Volkswirtschaft durch die Wirtschaftskrise."
Anhand der Recherchen bin ich zu dem Schluß gekommen, dass die Hypothese für unsere drei Fallbeispiele als verifiziert angesehen werden kann. Gleichwohl ist der Zusammenhang zwischen Intensität der Wirtschaftskrise und Maß an Austerität in einem Land stark simplifiziert. Für Griechenland scheint dieser Zusammenhang zu stimmen, es gibt durch die Eurokrise ein massives Problem Griechenlands, Kapital an den Finanzmärkten zu beschaffen, wodurch eine Reduzierung des Haushaltsdefizits unvermeidbar wird. Gleichwohl ergeben diese sich nur zum Teil aus der drückenden Last der Verschuldung, sondern finden vielmehr in einem normativ-ideologisch beladenen Zusammenhang statt. Griechenland bekommt internationale Hilfen, aber auch Vorgaben zur Umsetzung von Einsparungen. Außerdem bewerten Ratingagenturen jeden Schritt des politischen Handelns der griechischen Regierung. Vielfach wurde die griechische Regierung auch auf angeblich ausufernde Sozialleistungen hingewiesen, die zu streichen sind. Griechenland folgt in der Austeritätspolitik keinem intrinsischen Ansatz, sondern wird durch Druck von außen zu Reformen gedrängt.
Dies gilt für das Vereinigte Königreich nicht. Die neue Koalitionsregierung aus Conservatives und Liberal Democrats ist hierbei mit einem klaren Bild eines anderen, deutlichen reduzierten, Wohlfahrtsstaates gestartet. Hierbei scheint sie die Krise als Möglichkeit einer Policy-Änderung zu einer neolibaeralen Politik zu begreifen. Doch war das Budgetdefizit so groß, dass wohl selbst eine Labour-Regierung Einsparungen im Staatshaushalt

hätte durchführen müssen, um das Vertrauen der internationalen Finanzmärkte zu erhalten.[63]

Der deutsche Fall wiederum stützt die Hypothese eindeutig. Das deutsche BIP ist nur in einem Jahr gesunken, anschließend wurden schnell wieder positive Wachstumszahlen erreicht und auch das Haushaltsdefizit erreichte nie griechische oder UK-Maßstäbe. Damit mussten keine Reformen eingeleitet werden und es wurden auch keine großen Reformen eingeleitet. Beim deutschen Fallbeispiel muss aber beachtet werden, dass wesentliche Änderungen im System des Wohlfahrtsstaates in den Jahren vor der Wirtschaftskrise stattgefunden haben. Vielmehr haben sich aber Bestandteile des deutschen Wohlfahrtsstaates bewährt. Das Umlageverfahren des deutschen Rentensystems wurde vielfach vor der Wirtschaftskrise kritisiert. Es wurde von der Europäischen Union als zu teuer und zu unflexibel beschrieben. Allerdings kann es als Puffer in Krisenzeiten angesehen werden, da Renten direkt von Arbeitnehmerinnen und Arbeitnehmern zu Rentnerinnen und Rentnern umgelegt werden. Darüber hinaus sind die Renten nicht anfällig für Spekulationen am Kapitalmarkt.

> „The [pay-as-you-go retirement systems] can be seen as buffers against the crisis. [...] Contributions are immediately redistributed to finance [the pensions], which means no accumulation of capital exposed to high levels of economic risk, particularly in a global economy." [Euzéby, 2010:75].

Dies untermauern auch Zahlen zu den Verlusten der Rentenfonds, die zu den größten Fonds der Welt zählen. Die haben im Durchschnitt etwa 35% ihres Wertes verloren, konnten sich anschließend zwar teilweise wieder erholen [Pino, 2010: 5], vielmehr zeigt dies die Anfälligkeit eines privatisierten, auf Kapitalmarktanlagen basierenden Rentensystems.

Mara Yerkes und Romke van der Veen schlussfolgern zu den sozialpolitischen Maßnahmen in und nach der Krise:

> „Significant past reforms have paved the way for future reforms. Internal barriers to change, in form of self-enforcing policy feedback effects, are weakening in cer-

---

[63] Dies wird auch durch eine Studie von Hanna Lierse gestützt, die Krisenpolitik in Europa in Abhängigkeit vom Regierungslager untersucht hat und ist zu dem Ergebnis gekommen, dass im Bezug auf den Wohlfahrtsstaat keinerlei Aussagen über eine unterschiedlichen Ansatz von linken oder rechten Regierungen getroffen werden kann. Eine policy-Änderung auf Grund eines Wechsels der politischen Richtung einer Regierung kann damit nicht erklärt werden [Lierse, 2012: 15].

tain areas and political institutions of the welfare state have been modified, significantly changing the ‚rules of the game'." [Yerkes, 2011: 442].

Dieser Analyse ist nur teilweise zuzustimmen. Zwar ist diese Analyse richtig, wenn wir über das Fallbeispiel UK sprechen, wo die Krise genutzt wurde und genutzt werden soll, um den Wohlfahrtsstaat umzubauen und den Weg zu bahnen für weitere Wohlfahrtsstaatsreformen, allerdings ist diese Analyse unter zwei Gesichtspunkten unzutreffend. Erstens bestätigen unsere weiteren zwei Fallbeispiele diese Analyse nicht. In Deutschland wurde die Krise nicht genutzt um die Strukturen oder die Leistungen des Wohlfahrtsstaates signifikant zu verändern, dies fand ausnahmslos vor der Krise statt und in Griechenland ging es weniger darum die internen Barrieren für Reformen zu verändern, als vielmehr reale Leistungskürzungen durchzusetzen. Zweitens geht diese Analyse von einer Uniformität politischen Handelns aus und genau das bestätigen die Erkenntnisse der Studie nicht. Dieses Fazit ziehen auch Peter Starke et al:

> „The [...] important conclusion is that the variation in crisis responses [...] is rather striking. We find expansion and retrenchment in different countries at different times, in different combinations, and with different emphases on different fields of the welfare state. The depth of the crisis does not explain a particular crisis response. There is no uniform crisis response!" [Starke, 2011: 24].

Der Zusammenhang zwischen Ausmaß der Wirtschaftskrise und Einschnitten in den Wohlfahrtsstaat gestaltet sich äußerst komplex und externe Faktoren, wie wirtschaftliche Abhängigkeiten sind genauso zu beachten, wie interne Strukturelemente des Wohlfahrtsstaates. Diese Voraussetzungen verändern die Antwort bei Reformen maßgeblich.

Nunmehr will ich die drei eingeführten Theorien überprüfen. Bezugnehmend auf die poltische Krisentheorie schlussfolgern Tanja Klenk und Frank Nullmeier, dass es für den Fall der BRD bisher nicht zu den vorausgesagten Legitimationskrisen oder einer Krise des politisch-administrativen Systems kam. Allerdings ist dies als Scheinerfolg zu bewerten, weil die Handlungsfähigkeit bei zukünftigen Krisen eingeschränkt wird. Die Folge ist eine Krise des politisch-Administrativen Systems.

> „Der Erfolg staatlichen Handelns in der Krise [ist dennoch] ein Scheinerfolg. [...] Die Krisenbewältigung überfordert den Staat auf längere Sicht. Kommt es zudem in nicht allzu großer Ferne zu einer weiteren ökonomischen Krise, vermag der bereits geschwächte Staat nicht die nötige Handlungsfähigkeit aufzubringen.

> Die politische Krise wird manifest. [...] Staatsverschuldung wird zum Auslöser einer Krise staatlicher Selbstorganisationsfähigkeit, wenn eine [...] Staatsverschuldung in einem kurzen Zeitraum plötzlich sehr stark ansteigt. [...] Das poltische System unterminiert seine Eigenorganisation durch seine steuerungspolitischen Erfolge. Das Paradox der Krisenpolitik über Konjunkturprogramme könnte sein, dass der Staat der Wirtschaft zu viel an Krisenbewältigung abnimmt, angesichts der akuten Gefährdung des Wirtschaftskreislaufes nicht genügend auf die Sicherung seiner Selbstorganisationsfähigkeit achtet." [Klenk, 2010a: 289-291].

Genau an diesem Punkt schließt Wolfgang Streeck an. „But now the public bailout of private capitalism on the model of 2008 may be impossible to repeat, if only because public finances are already stretched beyond their limit." [Streeck, 2011: 19].

Hier erreicht die politische Krisentheorie die Grenze ihrer Anwendung. Sie hat den Nachteil, dass sie auf der Annahme einer weiteren Krise beruht. Diese ist bisher aber nicht eingetreten. Vielmehr ist auch zu beachten, dass die politische Krisentheorie von Offe und Habermas bereits in den 1970er Jahren unter dem Eindruck der gesellschaftlichen Umbrüche, dem Aufkommen der außerparlamentarischen Opposition, dem Regierungswechsel zu Willy Brandt, den internationalen Bewegungen mit Kubakrise, aber auch neuer Ostpolitik und schließlich der Ölkrise abgefasst wurde [Offe, 2006: 8]. Seitdem kam es zu mehreren Wirtschaftskrisen, die manifeste Krise des politisch-administrativen Systems ist aber nicht zu erkennen.

Die fundamentale und manifeste Krise der Selbstorganisationsfähigkeit des Staates, die sich nach Habermas über die Staatsverschuldung äußert, kann in Griechenland bereits als gegeben angesehen werden. Das Land befidnet sich in wirtschaftlicher Abhängigkeit von Krediten anderer Euro-Staaten und auch politisch muss es sich Bedingungen diktieren lassen. Der Einfluss der griechischen Politik ist maßgeblich geschrumpft. Deutschland und UK hatten oder haben zwar Probleme, diese haben aber bisher nur die wirtschaftliche Organisation betroffen, eine Krise des politisch-administrativen Systems ist nicht ersichtlich. Es ist aber nicht ausgeschlossen, dass aus einer erneuten wirtschaftlichen Krise eine manifeste Krise des politischen und administrativen Systems erwächst.

Ende Juni 2012 hat das Institut für Weltwirtschaft die Kosten eines Zusammenbruchs des Euro auf 1,5 Billionen Euro allein für Deutschlands nationale und föderale Haushalte geschätzt [n-tv: 2012]. Das Vereinigte Königreich mit seinen hohen wirtschaftlichen und finanziellen Verknüpfungen in die Euro-Zone wäre vermutlich ähnlich betroffen. Sollte dieser Fall eintreten, kann daraus eine manifeste Krise erwachsen, wenn diese Summe die Leistungsfähigkeit der beiden Nationalstaaten übersteigen sollte.

Der New-Politics-Ansatz bietet nur teilweise Aufklärung. Die Wirtschaftskrise zeigt auf, dass ein Pfadwechsel möglich ist. Dies sehen wir sowohl am Fallbeispiel Griechenland, als auch im Vereinigten Königreich. Das griechische Sozialsystem wurde und wird radikal umgebaut. Im Vereinigten Königreich gab es, wie aufgezeigt, zahlreiche Änderungen im Wohlfahrtsstaat und auch Systemänderungen im Gesundheitssektor. Auch waren die Änderungen so weitreichend, dass die blame-avoidance-Strategie ausgeschlossen werden kann, vielmehr waren die Einschnitte augenscheinlich für die Öffentlichkeit.

Die wenigen Änderungen im deutschen Wohlfahrtsstaat waren vielfach unbemerkt, trafen mit ALG II-Empfängerinnen und Empfängern eine relativ kleine Zielgruppe, die zudem schlecht organisiert ist und wenig öffentliche Aufmerksamkeit erfährt, während die breiten Bevölkerungsschichten durch eine Erhöhung des Kindergeldes und des Kinderfreibetrags profitiert haben. Dies stimmt mit der blame-avoidance-Strategie, also der Vermeidung von öffentlicher Kritik, überein. Ebenso unter der blame-avoidance-Strategie kann die Änderung der Inflationsberechnung im Vereinigten Königreich betrachtet werden. Ich habe ausgeführt, dass die Sozialleistungen jährlich automatisch angepasst werden, hierzu aber eine neue Inflationsberechnung herangezogen wird, die tendenziell niedrigere Werte angibt. Die großen Effekte dieser Sparmaßnahme finden in der Zukunft statt und sie finden automatisch ohne weiteres gesetzliches Handeln statt. Allerdings ist auf alle Fallbeispiele bezogen, die öffentliche Meinung, die laut Paul Pierson zur blame-avoidance-Strategie führt, schwer zu deuten und wenig konsistent[64]. Zwar unterstützt die Mehrheit der Bevölkerung den Wohlfahrtsstaat generell[65], dennoch ziehen viele aktuelle Einschnitte in den Wohlfahrtsstaat den Steuererhöhungen vor. Der Aussage „I would prefer higher taxes to spending cuts" stimmen in keinem Land mehr als 8% zu, auch einen Mix aus beidem, bei dem höhere Steuern den Hauptanteil leisten, stimmen in den meisten Ländern nur 15% zu. Reine Ausgabeneinschnitte, ohne höhere Steuern erreichen in den meisten Wohlfahrtsstaaten zwischen 40 und 50% [Harrispoll, 2010: 2].

Als dritte Theorie stand das Window of Opportunity zur Diskussion. Ich erinnere daran, dass sich der New-Politics-Ansatz und das Window of Opportunity nicht ausschließen, sondern auch Paul Pierson unter hohem Druck oder Krisen Reformen nicht ausschließt. Ein Beleg des Window of Opportunity ist damit auch immer ein Belege dieses Teilansatzes des New-Politics-Ansatzes. Es scheint, als hätte die Regierung des Vereinigten Königreichs die Krise als Window of Opportunity begriffen.

> „The crisis also presents new opportunities for social and economic reform. In the past, change has been very difficult to achieve in EU welfare regimes, [but] the crisis aftershocks that the EU is currently experiencing may be the catalyst for rebuilding the collective solidarities that a strong EU social model entails." [Liddle, 2010: 90].

Die Krise war damit für die UK-Regierung eine Möglichkeit zur Legitimierung der eigenen poltischen Prioritätensetzung und zur Reformierung des Gesundheitssystems, sowie weiterer Leistungen des Sozialstaates.

Ich möchte abschließend darauf aufmerksam machen, dass in der Debatte um die Wirtschaftskrise die Stärke des Wohlfahrtsstaates zu knapp gekommen ist. Der Sozialstaat wird lediglich unter dem Dogma von Staatsausgaben betrachtet. Vielmehr erfüllt der Wohlfahrtsstaat aber auch ge-

---

[64] Darüber hinaus wird die blame-avoidance-Strategie generell in Zweifel gezogen. Nathalie Giger hat in ihrer Studie zu Wahlerfolgen nach Wohlfahrtsstaatsreformen keinen Beleg einer Verschlechterung der Wahlaussichten nach tiefgreifenden Sozialstaatsreformen gefunden [Giger, 2011: 6].

[65] Im Oktober 2011 ließ die BBC eine Umfrage bei Haushalten im Vereinigten Königreich durchführen. 92% der Befragten unterstützten dabei den Wohlfahrtsstaat grundsätzlich. Gleichzeitig sprachen sich 78% für Einschnitte bei der Arbeitslosenversicherung aus und 72%, dass insgesamt die Kosten für den Wohlfahrtsstaat gesenkt werden [BBC, 2011].

sellschaftlich konstituierende Aufgaben, ebenso wie zentrale Aufgaben der inneren Sicherheit.

> „Allerdings legitimiert eben nicht nur die „Produktivkraft" den Sozialstaat. Der Sozialstaat hat immer auch normative, d.h. soziale und humane Ziele, auch jenseits der Maßstäbe der engen ökonomischen Funktionalität. Der Umgang mit sozial Schwachen, mit Älteren, behinderten, Kindern, das qualitative Niveau der gesundheitlichen Versorgung, die Schaffung von gleichberechtigten Lebenschancen für die gesamte Bevölkerung – all diese Elemente haben einen eigenen Wert, der nicht durch den Hinweis auf ökonomische Effizienzverluste, verminderte Rentabilität oder entgangene Wachstumsraten außer Kraft gesetzt wird." [Bäcker, 2008: 81].

Es ist bedeutend nicht nur fiskalische Argumente in Bezug den Wohlfahrtsstaat anzuführen, sondern immer auch die konstituierenden Elemente des Wohlfahrtsstaates für gesellschaftliche Freiheit, Gleichheit und Sicherheit im Auge zu behalten.

Ohne Wohlfahrtsstaat ist zumindest die soziale Marktwirtschaft nicht denkbar. Nach Alfred Müller-Armack ist der Wohlfahrtsstaat ein zwingendes Element dieser. Inwieweit der Wohlfahrtsstaat gar das kapitalistische Wirtschaften ermöglicht, ist in der Literatur umstritten. Wie ich aber in Kapitel 2 festgehalten habe, geht Eduard Heimann von einem konservativ-revolutionären Doppelwesen aus, welches den Status quo um die kapitalisitische Wirtschaft sichert und zeitgleich diesen aushöhlt und damit die Arbeiterinnen und Arbeiter vor dem Kapitalismus schützt. Daraus folgt für uns, dass der Kapitalismus ohne Wohlfahrtsstaat nicht dauerhaft existieren kann. Er würde sich ohne die produktionspolitische Notwendigkeit des Wohlfahrtsstaates selbst ruinieren und die Arbeiterinnen und Arbeiter einer verheerenden Ausbeutung unterwerfen.

6.2 Ausblick

Eines der wesentlichen Probleme, das bei der Betrachtung des Untersuchungsgegenstandes der vorliegenden Studie auftrat, ist, dass der Untersuchungsgegenstand nicht abgeschlossen ist. Das Institut für Makroökonomie erwartet für 2012 und 2013 ein Schrumpfen der Wirtschaftskraft des Euroraums, damit würde sich der Druck auf die nationalen Haushalte noch erhöhen. Weitere Sparmaßnahmen in den Staatshaushalten, auch im Wohlfahrtsstaat lassen sich wohl, in Anbetracht der aktuellen Kürzungslogik, kaum vermeiden [IMK, 2012: 2].

Die Debatte um Griechenland hat die Diskussion um eine gemeinsame europäische Wirtschaftsregierung eröffnet. „Die Krise [ist] vor allem Ausdruck der Strukturmängel der Konstruktionen des Maastrichter Vertrages [...], die in der Konzentration auf die Geldpolitik und die Installierung eines Systems der Wettbewerbsstaaten zu sehen sind." Es wurden also Staaten mit einer gemeinsamen Geldpolitik zusammengelegt, die aber trotzdem im Wettbewerb zueinander stehen. Daraus muss folgen, dass die Staaten sich innerhalb einer gemeinsamen Regierung für Wirtschafsfragen besser koordinieren. Diese hätte beispielsweise die Aufgabe, die Leistungsbilanzüberschüsse und -defizite, also die Diskrepanz zwischen Import und Export in den jeweiligen Eurostaaten, durch politische Maßnahmen abzubauen. In den Leistungsbilanzdefiziten sieht Klaus Busch auch den Hauptgrund der wirtschaftlichen Unsicherheiten im Euroraum [Busch, 2010: 3-5; 8]

Laut Roger Liddle, wäre ein Ansatzpunkt für die Lösung der Krise, den europäischen Strukturfonds weiter auszubauen und ihn dafür einzusetzen, gezielt Wachstum in „abgehängten" Regionen zu generieren, auch gerade dort, wo die Wirtschafts- und Finanzkrise besondere Schäden hinterlassen hat [Liddle, 2010: 89].

Jürgen Habermas schreibt über die Quintessenz der Krise: „Das Zerplatzen neoliberaler Illusionen[66] hat die Einsicht gefördert, dass die durchgreifenden Funktionssysteme der Weltgesellschaft Problemlagen schaffen, welche einzelne Staaten – oder Koalitionen von Staaten – nicht mehr beherrschen können." [Habermas, 2011a: 10]. Die Antwort auf die Krise muss „mehr Europa" sein. Hierzu schlägt Habermas eine Kompetenzverlagerung zur Harmonisierung der Wettbewerbsfähigkeit auf EU-Ebene vor, gleichwohl muss auch am schwerwiegenden Problem der undemokratischen

---

[66] Hierbei spielt Habermas auf die These an, dass der Markt produktiver sei ohne den Staat.

Entscheidungsfindung gearbeitet werden, hierbei müssen aktuelle „Verabredungen im Kreise der Regierungschefs" durch „demokratisch unbedenkliche Institutionalisierung gemeinsamer Entscheidungen ersetzt werden." [Habermas, 2011b: 40f].

> „Mit ein bisschen politischem Rückgrat kann die Krise der gemeinsamen Währung das herbeiführen, was sich manche einmal von einer gemeinsamen europäischen Außenpolitik erhofft hatten: das über nationale Grenzen hinausgreifende Bewusstsein, ein gemeinsames europäisches Schicksal zu teilen." [Habermas, 2010].

Und Jan Labritzke pflichtet Jürgen Habermas bei:

> „Die Europäische Union [scheint] zumindest mittel- und langfristig ein geeigneter Rahmen für eine transnationale politische und soziale Bewegung mit genügend Macht zu sein, um Reformen der Sozialpolitik auch zukünftig nicht nur unter ökonomischen, sondern – entsprechende Mehrheiten vorausgesetzt – auch unter normativen Gesichtspunkten zu ermöglichen." [Labritzke, 2010: 113].

Das Argument, dass Staaten mit weniger Sozialausgaben und damit weniger Belastungen der Faktoren Arbeit und Kapital mehr Wirtschaftswachstum generieren ist nicht haltbar. Dies beschreibt beispielsweise Paul Krugman, der hervorhebt, dass während der Wirtschaftskrise gerade Staaten mit großen Wohlfahrtsstaaten bessere Konjunkturdaten zu verzeichnen hatten, als Staaten mit kleineren Wohlfahrtsstaaten. „Did I mention that Sweden, which still has a very generous welfare state, is currently a star performer, with economic growth faster than that of any other wealthy nation?" [Krugman, 2012]. Gerade die Wirtschafts- und Finanzkrise hat eindrucksvoll gezeigt, dass ein ausgeprägtes Netz an sozialer Sicherung dazu geführt hat, den Einfluss der Krise zu reduzieren [Euzéby, 2010: 81]. Hieran knüpft auch Roger Liddle an:

> „One of the central lessons of the crisis, particularly in countries such as Britain, Ireland, and Spain is, that social policy cannot adequately compensate for the effects of models of capitalism that tend to strongly amplify inequality and risk." [Liddle, 2010: 75].

Hier sehe ich eine fundamentale Diskrepanz im Diskurs. Auf der einen Seite hat die Wirtschaftskrise die Sinnhaftigkeit und Stärke des Wohlfahrtsstaates im Umgang mit Extremsituationen deutlich aufgezeigt. Staaten mit dichten sozialem Netz haben die Krise besser überstanden, als Länder mit gering ausgeprägtem Sozialstaat. Gleichzeitig stehen die Sozialstaaten auch nach diesem eindrucksvollen Beweis ihrer Leistungsfähigkeit unter Druck Einsparungen zu erzielen. Wie schon vor der Wirtschaftskrise 2008 werden die Wohlfahrtsstaaten auch weiterhin nur unter dem Mantel der Finanzierbarkeit betrachtet. Gerhard Bäcker kommt bezüglich des Sozialstaates zu folgendem Fazit:

> „Der Sozialstaat ist kein unproduktiver „Kostgänger" einer Volkswirtschaft, sondern wirkt als produktiver Faktor positiv auf die wirtschaftliche Leistungsfähigkeit zurück. [...] Viel entscheidender ist, welches Niveau und welche Ausformung an sozialer Sicherung sich die Menschen leisten *wollen* und welchen Beitrag an Solidarität sie bereit sind zu geben" [Bäcker, 2008: 86].

Auch, wenn diese Textpassage vor der Wirtschaftskrise entstanden ist, so sollte dies die Quintessenz einer Betrachtung des Wohlfahrtsstaates nach den Ereignissen der Wirtschaftskrise sein und so ist die Hoffnung von Alain Euzéby zu teilen, dass in die Debatte um eine Reduzierung des Sozialstaates mehr Empirie und weniger Ideologie einzieht [Euzéby, 2010: 81].

Literaturverzeichnis

Ahlers (2005). Völlig losgelöst. Hamburg: ZEIT Online (Zugriff am 15.06.2012: http://www.zeit.de/2005/22/GS-Kasten1-Tulpen).

Altvater, Elmar; Giegold, Sven; Mahnkopf, Birgit; Scheer, Hermann (2010). Griechenland ist überall. Berlin: Institut Solidarische Moderne.

Arts, Will; Gelissen, John (2002). Three worlds or welfare capitalism or more? A state-of-the-art report. In: Journal of European Social Policy, Vol. 12(2), S. 137-158.

Atkinson, Tony (2009). A Stress Test for the Welfare State. In: Hemerijck, Anton (Hrsg.), Aftershocks: Economic Crisis and Institutional Choice. Amsterdam: Amsterdam University Press, S. 207-211.

Bäcker, Gerhard; Naegele, Gerhard; Bispinck, Reinhard; Hofemann, Klaus; Neubauer, Jennifer (2008). Sozialpolitik und soziale Lage in Deutschland. Wiesbaden: VS Verlag fur Sozialwissenschaften.

Banas, Günter (2012). Bundestag beschließt zweites Griechenland-Hilfspaket. Online (Zugriff am 31.05.2012: http://www.faz.net/aktuell/politik/inland/abstimmung-bundestag-beschliesst-zweites-griechenland-hilfspaket-11664616.html).

BBC News (2011). Britons back squeeze on welfare benefits, suggests poll. Online (Zugriff am 19.06.2012: http://www.bbc.co.uk/news/uk-15460427).

Beckert, Jens; Streeck, Wolfgang (2012). Die Fiskalkrise und die Einheit Europas. In: APuZ (4/2012). Bonn: Bundeszentrale für politische Bildung.

Brenke, Karl (2010). Aus der Krise zum zweiten Wirtschaftswunder? In: APuZ (48/2010). Bonn: Bundeszentrale für politische Bildung.

Berensmann, Kathrin; Fues, Thomas; Volz, Ulrich (2011). Globaler Führungsanspruch. Informelles Machtzentrum. E+Z (01/11), S. 17-20.

Berkel, Rik van (2009). The Provision of Income Protection and Activation Services for the Unemployed in ‚Active' Welfare States. An International

Comparison .Journal of Social Policy (39/1), S. 17-34.

Beveridge, Sir William (1942). Social Insurance and Allied Services. London: His Majesty's Stationery Office.

Boeckh, Jürgen; Huster, Ernst-Ulrich; Benz, Benjamin (2011). Sozialpolitik in Deutschland. Wiesbaden: VS Verlag für Sozialwissenschaften.

Bofinger, Peter et al (2011). Verzichtet auf die Hälfte der Griechen-Schulden. Hamburg: DIE ZEIT, 27.09.2011.

Boin, R. Arjen; Otten, Marc H.P. (1996). Beyond the Crisis Window for Reform: Some Ramifications for Implementation. Journal of Contingencies and Crisis Management (3/4), S. 149-161.

Boin, Arjen; Hart, Paul 't (2003). Public Leadership in Times of Crisis: Mission Impossible? Public Administration Review (63/5). S. 544-553.

Bonnet, Florence; Ehmke, Ellen; Hagemeier, Krzysztof (2010). Social Security in times of crisis. International Social Security Review (63/2), S. 47-70.

Bonoli, Giuliano (2006). Ne social risks and the politics of post-industrial social policies. In: Armingeon, Klaus; Bonoli, Giuliano (Hrsg.), The Politics of Post-Industrial Welfare States London: Routledge.

Brewer, Mike; Brownie, James (2011). The New Politics of Welfare. In: Yeates, Nicola; Haux, Tina; Jaward, Rana; Kilkey, Majella (Hrsg.) In Defence of Welfare: The Impacts of the Spending Review. Suffolk: Social Policy Association.

British Medical Association (BMA) (2011). Health and Social care Bill. Why the BMA is opposing the whole Bill. London: BMA.

British Medical Association (BMA) (2012). Welfare reform: pain but no gain? Online (Zugriff am 19.06.2012: http://bma.org.uk/news-views-analysis/news/2012/june/welfare-reform-pain-but-no-gain).

Brown, Gordon (2011). Was folgt. Wie wir weltweit neues Wachstum schaffen. Frankfurt am Main: Campus Verlag.

Brunkhorst, Hauke (2011). Solidarität in der Krise: ist Europa am Ende? Leviathan (4/2011), S. 459-477.

Bundesagentur für Arbeit (2011). Arbeitsmarkt in Deutschland. Zeitreihen bis 2010. Online (Zugriff am 10.04.2012: http://statistik.arbeitsagentur.de/Statischer-Content/Statistische-Analysen/Analytikreports/Zentrale-Analytikreports/Jaehrliche-Analytikreports/Generische-Publikationen/Arbeitsmarkt-Deutschland-Zeitreihen/Analyse-Arbeitsmarkt-Deutschland-Zeitreihen-2010.pdf)

Bundesagentur für Arbeit (2012). Der Arbeits- und Ausbildungsmarkt in Deutschland. Mai 2012. Nürnberg: Bundesagentur für Arbeit.

Bundesministerium für Arbeit und Soziales (2011). Haushalt 2011 – Einzelplan 11 des Bundesministeriums für Arbeit und Soziales. Überblick. Online (Zugriff am 19.06.2012: http://www.bmas.de/DE/Ministerium/BMAS-Kompakt/haushaltsplan-einzelplan-2011.html).

Bundesregierung (2010). Die Grundpfeiler unserer Zukunft stärken. Eckpunkte für die Aufstellung des Haushaltsentwurfs 2011. Online (Zugriff am 31.05.2012: http://www.spiegel.de/media/0,4906,23549,00.pdf).

Busch, Klaus (2010). Europäische Wirtschaftsregierung und Koordinierung des Lohnpolitik. Krise der Eurozone verlangt Stukturreform. Bonn: Friedrich-Ebert-Stiftung.

Butterwegge, Christoph (2012). Krise und Zukunft des Sozialstaates. Wiesbaden: VS Verlag Sozialwissenschaften.

Campbell, Denis (2012). Doctors make last-ditch warning over shake-up. London: Guardian, 19.03.2012.

Castles. Francis G. (2010).Black swans and elephants on the move: the impact of emergencies on the welfare state. Journal of European Social Policy (20/2). S. 91-101.

Chung, Heejung; Thewissen, Stefan (2011). Falling Back on Old Habits? A Comparison of the Social and Unemployment Crisis Reactive Policy Strategies in Germany, the UK and Sweden. Social Policy & Administration (45/4), S.

354-370.

Clasen, Jochen (2011). Convering Worlds of Welfare. Oxford: Oxford University Press.

Cortell, Andrew P.; Peterson, Susan (1999). Altered States: Explaining Domestic Institutional Change. British Journal of Political Science (29/1), S. 177-203.

Crouch, Colin (2011). The Strange Non-Death of Neoliberalism. Cambridge: Polity Press.

Dauderstädt, Michael; Hillebrand, Ernst (2009). Exporteuropameister Deutschland und die Krise. Bonn: Friedrich-Ebert-Stiftung.

Doetter, Lorraine Frisina; Götze, Ralf (2011). Health Care Policy for Better or Worse? Examining NHS Reforms During Times of Economic Crisis versus Relative Stability. Social Policy & Administration (45/4), S. 488-505.

Dorling, Danny (2011). Clearing the Poor Away. In: Yeates, Nicola; Haux, Tina; Jaward, Rana; Kilkey, Majella (Hrsg.) In Defence of Welfare: The Impacts of the Spending Review. Suffolk: Social Policy Association.

Dpa/AFP (2010). Das Rettungspaket für Irland steht. (Zugriff am 31.05.2012 unter http://www.zeit.de/politik/ausland/2010-11/irland-krisenhilfe-sondersitzung).

Dullien, Sebastian; von Hardenberg, Schristiane (2011). Der Staat bezahlt die Krisenzeche. Bonn: Friedrich-Ebert-Stiftung.

Esping-Andersen, Gosta (1990). The Three Worlds of Welfare Capitalism. Princeton: Princeton University Press.

Esping-Andersen, Gosta (1996). After the Golden Age? Welfare State Dilemmas in a Global Economy. In: Esping-Andersen, Gosta (Hrsg.), Welfare States in Transition, S. 1-31.

Esping-Andersen, Gosta (2002). Towards the Good Society, Once Again? In: Esping-Andersen, Gosta (Hrsg.), Why we Need a New Welfare State. Oxford: Oxford University Press, S. 1-25.

Esterházy, Yvonne (2010). Großbritannien und die Folgen der Finanzkrise. In: APuZ (49/2010). Bonn: Bundeszentrale für politische Bildung.

Eurostat (2012a). Population structure by major age groups, EU-27, 1990-2060. online (Zugriff am 03.04.2012: http://epp.eurostat.ec.europa.eu/statistics_explained/index.php?title=File:Population_structure_by_major_age_groups,_EU-27,_1990-2060_(1)_(%25_of_total_population).png&filetimestamp=20111130143652).

Eurostat (2012b). Old-age dependency ratio, 1960-2050. Online (Zugriff am 03.04.2012: http://epp.eurostat.ec.europa.eu/statistics_explained/index.php?title=File:Old-age_dependency_ratio,_1960-2050_(1)_(population_aged_65_years_and_over_as_%25_of_population_aged_15-64).png&filetimestamp=201112121808510.

Eurostat (2012c). Unemployment rate. Google Public Data, online (Zugriff am 03.04.2012: http://www.google.com/publicdata/explore?ds=z8o7pt6rd5uqa6_&ctype=l&met_y=unemployment_rate#!ctype=l&strail=false&bcs=d&nselm=h&met_y=unemployment_rate&fdim_y=seasonality:sa&scale_y=lin&ind_y=false&rdim=country_group&idim=country_group:eu:non-eu&idim=country:el:de:uk&ifdim=country_group&tstart=623372400000&tend=1165104000000&hl=en_US&dl=en_US).

Eurostat (2012d). Expenditure on social protection, online (Zugriff am 17.04.2012: http://epp.eurostat.ec.europa.eu/tgm/table.do?tab=table&init=1&plugin=1&language=en&pcode=tps00098)

Eurostat (2012e). Real GDP growth rate, online (Zugriff am 17.04.2012: http://epp.eurostat.ec.europa.eu/tgm/table.do?tab=table&plugin=1&language=en&pcode=tsieb020).

Eurostat (2012f). Government finance statistics. Summary tables — 1/2012. Luxemburg: Eurostat.

Eurostat (2012g). Unemployment rate - Seasonally adjusted data (Zugriff am 29.05.2012:

http://www.google.com/publicdata/explore?ds=z8o7pt6rd5uqa6_&ctype=l&strail=false&bcs=d&nselm=h&met_y=unemployment_rate&fdim_y=seasonality:sa&scale_y=lin&ind_y=false&rdim=country_group&idim=country_group:non-eu&idim=country:el&ifdim=country_group&tstart=893804400000&tend=1330473600000&ind=false).

Euzéby, Alain (2010). Economic crisis and social protection in the European Union: Moving beyond immediate responses. International Social Security Review (63/20), S. 71-86.

EZB (2012). Statistics. Pocket Book. Frankfurt: Europäische Zentralbank.

Ferragina, Emanuele; Seeleib-Kaiser, Martin (2011). Welfare regime debate: past present, futures? Policy Press (39/4), S. 583-611).

Gasche, Martin; Ziegelmeyer, Michael (2010). Hat die Finanz- udn Wirtschaftskrise Verbreitung und Volumen der Riester-Rente beeinflusst? Wirtschaftsdienst (4/2010), 255-261.

Gentleman, Amelia (2012). Public sector cuts – the truth. London: Guardian, 25.03.2012.

Giger, Nathalie (2011), Is Social Policy Retrenchment Unpopular? How Welfare Reforms Affect Government Popularity. European Sociological Review online (Zugriff am 31.05.2012: http://esr.oxfordjournals.org/content/early/2011/05/13/esr.jcr039.abstract?sid=2f58e9f5-1f71-4907-80d3-bee1371f53a5).

Glennerster, Howard (2010). The Sustainability of Western Welfare States. In: Pierson, Christopher; Obinger, Herbert; Lewis, Jane; Leibfried, Stephan; Castles, Francis G. (Hrsg.), The Oxford Handbook of the Welfare State. Oxford: Oxford University Press.

Gough, Ian; Therborn Göran (2010). The Global Future of Welfare States. In: Pierson, Christopher; Obinger, Herbert; Lewis, Jane; Leibfried, Stephan;

Castles, Francis G. (Hrsg.), The Oxford Handbook of the Welfare State. Oxford: Oxford University Press.

Greven, Ludwig (2012). Schuldenkrise. Lasst die Griechen in Ruhe. Hamburg: DIE ZEIT, 10.02.2012.

Grimshaw, Damian; Rubery, Jill (2012). The end of the UK's liberal collectivist social model? The implications of the coalition government's policy during the austerity crisis. Cambridge Journal of Economics (36), S. 105-126.

Guardian (2012). Public sector cuts: where they will hit. Online (Zugriff am 08.05.2012: http://www.guardian.co.uk/society/2011/mar/25/public-sector-cuts-where-will-they-hit).

Habermas, Jürgen. (1973), Legitimationsprobleme im Spätkapitalismus. Frankfurt am Main: Suhrkamp Verlag.

Habermas, Jürgen (2010). Wir brauchen Europa! Die neue Hartleibigkeit: Ist und die gemeinsame Zukunft schon gleichgültig geworden? (20.05.2010) Hamburg: Die Zeit.

Habermas, Jürgen (2011a). Vorwort. In: Habermas, Jürgen (Hrsg.), Zur Verfassung Europas. Berlin: Suhrkamp Verlag, S. 7-11.

Habermas, Jürgen (2011b). Die Krise der Europäischen Union im Lichte einer Konstitutionalisierung des Völkerrechts. In: Habermas, Jürgen (Hrsg.), Zur Verfassung Europas. Berlin: Suhrkamp Verlag, S. 39-96..

Hans-Böckler-Stiftung (2012). Europas Sparpolitik: Teufelskreis statt Befreiungsschlag. Böcklerimpuls (06/2012). Düsseldorf: Hans-Böckler-Stiftung.

Harrispoll (2010). Spending Cuts are Preferred to Higher Taxes to Reduce Deficits in the U.S. =, Great Britain, France, Italy, Spain and Germany. Online (Zugriff am 17.04.2012: http://www.harrisinteractive.com/NewsRoom/HarrisPolls/FinancialTimes HarrisPolls/tabid/449/mid/1512/articleId/438/ctl/ReadCustom%20Default/Default.aspx).

Hay, Colin (2010). 'Things can only get worse...': The political and economic significance of 2010. British Politics (5/4), S. 391-401].

Hein, Eckhard; Truger, Achim; Treeck, Till van (2011). The European Financial and Economic Crisis: Alternative Solutions from a (Post-)Keynesian Perspective. Düsseldorf IMK Working Paper.

Hemerijck, Anton (2009). The Institutional Legacy of the Crisis of Global Capitalism. In: Hemerijck, Anton (Hrsg.), Aftershocks: Economic Crisis and Institutional Choice. Amsterdam: Amsterdam University Press, S. 13-52.

Hermann, Christoph; Mahnkopf, Birgit (2010). Still a future for the European Social Model? Global Labour Journal (1/3), S. 314-330.

Horn, Gustav A.; Lindner, Fabian; Niechoj, Torsten (2011a). Schuldenschnitt für Griechenland – ein gefährlicher Irrweg für den Euroraum. IMK Report Nr. 63, Düsseldorf: Hans-Böckler-Stiftung.

Horn, Gustav A.; Lindner, Fabian; Niechoj, Torsten; Truger, Achim; Will, Henner (2011b). Voraussetzungen einer erfolgreichen Konsolidierung Griechenlands. IMK Report Nr. 66, Düsseldorf: Hans-Böckler-Stiftung.

HM Treasury (2011). Budget 2011. London: Her Majesty's Treasury.

Hudson, John; Kühner, Stefan (2012). Analyzing the Productive and Protective Dimension of Welfare: Looking Beyond the OECD. Social Policy & Administration (46/1), S. 35-60.

Inman, Phillip; Allen, Katie (2012). Greece clinches credit swap lifeline. London: Guardian, 10.03.2012.

IMF (2011). United Kingdom. Sustainability Report. Washington: International Monetary Fund.

IMK (2012). Fiskalpakt belastet Euroraum. IMK Report Nr. 71. Düsseldorf: hans-Böckler-Stiftung.

Institut der deutschen Wirtschaft Köln (IW.Köln) (2010). Konjunkturprogramme: Deutschland hat sehr viel getan. Online (Zugriff am 19.06.2012: http://www.iwkoeln.de/de/infodienste/iwd/archiv/beitrag/29860).

International Labour Union (ILO) (2009). Protecting People Promoting Jobs. Genf.

Jepsen, Maria; Pascual, Amparo Serrano (2005). The European Social Model: an exercise in deconstruction. Journal of European Social Policy (15/3), S. 231-245.

Kingdom, John W. (1995). Agendas, Alternatives and Public Policies. New York: HarperCollins College Publishers.

Klenk, Tanja; Nullmeier, Frank (2010a). Politische Krisentheorien und die Renaissance von Konjunkturprogrammen. dms-der moderne Staat – Zeitschrift für Public Policy, Recht und Management (2/2010), S. 273-294.

Klenk, Tanja; Nullmeier, Frank (2010b). Welfare industries: enterprises as providers of public goods. Zeitschrift für Vergleichende Politikwissenschaft, S. 29-52.

Köppe, Stephan; Strake; Peter; Leibfried, Stephan (2008). Sozialpolitik. Konzepte, Theorien und Wirkungen. Bremen: Zentrum für Sozialpolitik.

Kritidis, Gregor (2011). Die Krise des Parlamentarismus in Griechenland. Dortmund: spw (06/2011), S. 32-34.

Krugman, Paul (2012). What Ails Europe? New York: New York Times, 26.02.2012.

Kvist, Jon (2004). Does EU enlargement start a race to the bottom? Strategic interaction among EU member states in social policy. Journal of European Social Policy (14/3), S. 301-318.

Kwasniewski, Nicolai (2012). Milliarden-Sparpaket. Luftbuchungen in Athen. Spiegel Online (Zugriff am 05.05.2012: http://www.spiegel.de/wirtschaft/soziales/0,1518,815776,00.html).

Labitzke, Jan (2010). Ökonomisierung des Sozialen? Zum Verhältnis von Wirtschafts- und Sozialpolitik. In: Benz, Benjamin; Boeckh, Jürgen; Mogge-Grotjahn, Hildegard (Hrsg.), Soziale Politik – Soziale Lage – Soziale Arbeit. Wiesbaden: VS Verlag für Sozialwissenschaften.

Lauterjung, Sven (2009). Sozialkrise – die Finanzkrise des Sozialsystems. In: Elschen, Rainer; Lieven, Theo (Hrsg.), Der Werdegang der Krise. Von der Subprime- zur Systemkrise. Wiesbaden: Gabler, S. 305-334.

Lenz, Rainer (2011). Die krise der Eurozone, Finanzmanagement ohne Finanzpolitik. Berlin: Friedrich-Ebert-Stiftung.

Leventi, Chrysa; Levy, Horacio; Matsaganis, Manos; Paulus, Alari; Sutherland, Holly (2010). Modelling the distributional effects of austerity measures: The challenges of a comparative perspective. European Commission Research note 8/2010.

Liddle, Roger; Diamond, Patrick; Latham, Simon; Brodie, Tom (2010). Aftershock : The Coming Social Crisis in the EU and What Is to Be Done In: Frazer, Natalie; Marlier, Eric; Van Dam, Rudi (Hrsg.), Europe 2020 : Towards a More Social EU ?, S. 69-92.

Liebert, Nicola (2010). Employment Policy in the Times of Crisis. From a Job-Rich Recovery to Sustainable Structural Change. Berlin: Friedrich-Ebert-Stiftung.

Lierse, Hanna (2012). Partisanship and Taxation: An exploratory study of crisis responses. Bremen: TranState Working Papers, No. 159.

Lösel, Tobias (2009). Die Reaktion der Staaten im internationalen Vergleich. In: Elschen, Rainer; Lieven, Theo (Hrsg.), Der Werdegang der Krise. Von der Subprime- zur Systemkrise. Wiesbaden: Gabler, S. 259-279.

Lyrintzis, Christos (2011). Greek Politics in the Era of Economic Crisis. Reassessing Causes and Effects. London: The Hellenic Observatory – The European Institut, GreeSE Paper No. 45.

Matsaganis, Manos; Leventui, Chrysa (2011). Distributional implications of the recession and the austerity in Greece. Paper for the Espanet Conference.

Marx, Karl (1956). Marx-Engles-Werke. Berlin: Dietz Verlag.

Mayntz, Renate (2010). Die Handlungsfähigkeit des Nationalstaats bei der Regulierung der Finanzmärkte. Leviathan (2/2010), S. 175-187.

Mitsopoulos, Michael; Pelagidis, Theodore (2009). Vikings in Greece: Kleptocratic Interest Groups in a Clodes, Rentseeking Economy. Cato Journal (3/2009), S. 399-416.

Moulds, Josephine (2012). Jobless total above 17m – and there's worse to come. London: Guardian; 03.04.2012.

Müller-Armack, Alfred (1947). Wirtschaftslenkung und Marktwirtschaft. Hamburg: Verlag für Wirtschaft und Sozialpolitik.

Münchau, Wolfgang (2012). Die Euro-Krise wird in Spanien entschieden. Spiegel online (Zugriff am 02.04.2012: http://www.spiegel.de/wirtschaft/soziales/0,1518,824215,00.html).

n-tv (2012). Bei Kollaps der Eurozone. Deutschland riskiert 1500 Mrd. Online (Zugriff am 22.06.2012: http://www.n-tv.de/wirtschaft/Deutschland-riskiert-1500-Mrd-article6518826.html).

Offe, Claus (1972). Strukturprobleme des kapitalistischen Staates. Frankfurt am Main: Suhrkamp Verlag.

Offe, Claus (2006). Strukturprobleme des kapitalistischen Staates. Veränderte Neuausgabe. Frankfurt am Main: Campus Verlag.

Paritätische Gesamtverband, Der (2012a). Längsschnittumfrage zu den Kürzungen in der Arbeitsmarktpolitik 2010-2012. Starke Einbußen für Langzeitarbeitslose und Einrichtungen. Berlin: Der Paritätische Gesamtverband.

Paritätische Gesamtverband, Der (2012b). Arme Kinder – arme Eltern. Berlin: Der Paritätische Gesamtverband.

Pierson, Christopher (2006). Beyond the Welfare State? The New Political Economy of Welfare. Cambridge: Polity Press.

Pierson, Paul (1994). Dismantling the Welfare State? Cambridge: Cambridge University Press.

Pierson, Paul (1996). The Politics of the Welfare State. World Politics (48/2), S. 143-179.

Pierson, Paul (2001b). Post-Industrial Pressures on Mature Welfare States. In: Pierson, Paul (Hrsg.), The New Politics of the Welfare State. Oxford: Oxford University Press, S. 81-104.

Pierson, Paul (2001c). Coping with Permanent Austerity Welfare State Restructuring in Affluent Democracies. In: Pierson, Paul (Hrsg.), The New Politics of the Welfare State. Oxford: Oxford University Press, S. 414-446.

Pino, Ariel; Yermo, Juan (2010). The impact of the 2007-2009 crisis on social security and private pension funds: A threat of their financial soundness? International Social Security Review (63/2), S. 5-30.

Plumb, Christian & Halstrick, Philipp (2008). Notenbanken wollen Krise eindämmen. In: Die Zeit am 16.09.2008.

Polanyi, Karl (1965). The Great Transformation. Boston: Beacon Press.

Pusch, Toralf (2011). Eurokrise – Wie handlungsfähig sind die europäischen Staaten? Spw (5/2011), S. 38-43.

Ramesh, Randeep; Watt, Nicholas (2012). Half of NHS chiefs say cuts hitting quality of healthcare. London: Guardian, 19.06.2012.

RAND Europe (2011). Low fertility in Europe. Is there still reason to worry? Cambridge: RAND.

Rühle, Alex; Strittmatter, Kai (2012). Griechenland. Im freien Fall. München, Süddeutsche Zeitung, 20.02.2012.

Sacchi, Stefano; Pancaldi, Federico; Arisi, Claudia (2011). The Economic Crisis as a Trigger of Convergence? Short-time Work in Italy, Germany and Austria. Social Policy & Administration (45/4), S. 465-487.

Schäfer, Armin (2009). Krisentheorien der Demokratie: Unregierbarkeit, Spätkapitalismus und Postdemokratie. dms-der moderne Staat – Zeitschrift für Public Policy, Recht und Management (1/2009), S. 159-183.

Schieritz, Mark (2011). Die List des Geldes. In: DIE ZEIT am 16.06.2011.

Schmidt, Susanne (2010). Markt ohne Moral. Das Versagen der internationalen Finanzelite. München: Droemer Verlag.

Schubert, Klaus; Klein, Martina (2006). Das Politiklexikon. Bonn: Dietz.

Smith, Helena (2012). Greece keeps on cutting in bid for bailout. London: Guardian, 20.02.2012.

Starke, Peter; Kaasch, Alexandra; van Hooren, Franca (2011). Explaining the Variety of Social Policy Response to Economic Crisis: How Parties and Welfare State Structures Interact. Bremen: TranState Working Paper No. 154.

Stevens, Simon (2004). Reform Strategies For The English NHS. Health Affairs (23/3), S. 37-44.

Stewart, Heather (2012). Osborne's austerity drive cut 270,000 public sector jobs last year. London: Guardian, 14.03.2012.

Stk/Reuters/dpa-AFX (2012). Anleihenauktion. Deutschland leiht sich Geld für null Prozent Zinsen. Online (Zugriff am 31.05.2012: http://www.spiegel.de/wirtschaft/soziales/deutschland-verkauft-anleihen-mit-null-prozent-zinsen-a-834720.html).

Straubhaar, Thomas (2011). Griechenlands Pleite wäre kein Ende mit Schrecken. In: Die Zeit am 23.06.2011.

Streeck, Wolfgang; Mertens, Daniel (2010a). Politik im Defizit. Austerität als finanzpolitisches Regime. Köln: Max-Plank-Institut für Gesellschaftsforschung.

Streeck, Wolfgang (2010b). Noch so ein Sieg und wir sind verloren. Der Nationalstaat nach der Finanzkrise. Leviathan (3/2010), S. 159-173.

Taylor-Gooby, Peter (2011a). The UK Welfare State Going West. In: Yeates, Nicola; Haux, Tina; Jaward, Rana; Kilkey, Majella (Hrsg.) In Defence of Welfare: The Impacts of the Spending Review. Suffolk: Social Policy Association.

Taylor-Gooby, Peter; Stroker, Gerry (2011b). The Coalition Programme: A New Vision for Britain or Politics as Usual? The Political Quarterly (82/1), S. 4-15.

Taylor-Gooby (2012). Root and Branch Restructuring to Achieve Major Cuts: The Social Policy Programme of the 2010 UK Coalition Government. Social Policy & Administration, S. 61-82.

The City UK (2011). Economic Trends Service. Trends in UK Financial and Professional Services. London: The City UK.

Timmins, Nicholas (2011). Foreword. In: Yeates, Nicola; Haux, Tina; Jaward, Rana; Kilkey, Majella (Hrsg.) In Defence of Welfare: The Impacts of the Spending Review. Suffolk: Social Policy Association.

Trampusch, Christine (2006). Sequenzorientierte Policy-Analyse. Warum die Rentenreform von Walter Riester nicht an Reformblockaden scheiterte. Berliner Journal für Soziologie (1/2006), S. 55-76.

Treanor, Jill; Jowit, Juliette; Rushe, Dominic (2012). Osborne under fire for claim that euro crisis is killing UK recovery. London: Guardian, 11.06.2012.

Vis, Barbara; van Kersberg, Kees; Hylands, Tom (2011). To What Extend Did the Financial Crisis Intensify the Pressure to Reform the Welfare State? Social Policy & Administration (45/4), S. 338-353.

Watt, Nicholas; Jowitt, Juliette (2012). Welfare cuts, tax cuts too, but retreat on child benefit. London: Guardian, 22.03.2012.

Weltbank (2012). World Development Indicators. Fertility rate. Google Public Date online (Zugriff am 03.04.2012: http://www.google.co.uk/publicdata/explore?ds=d5bncppjof8f9_&met_y=sp_dyn_tfrt_in&idim=country:GBR&dl=en&hl=en&q=fertility+rate#!ctype=l&strail=false&bcs=d&nselm=h&met_y=sp_dyn_tfrt_in&scale_y=lin&ind_y=false&rdim=region&idim=country:GBR:DEU:GRC&ifdim=region&hl=en_US&dl=en).

Wintour, Patrick (2012). Osborne plans lower pay for poorer regions. London: Guardian, 17.03.2012

Wiß, Tobias (2011). Der Wandel der Altersversicherung in Deutschland. Wiesbaden: VS Verlag für Sozialwissenschaften.

Wolf, Thomas (2011) Der aktivierende Sozialstaat zwischen Freiheit und

Zwang. Der begrenzte Spielraum moderner Sozialpolitik. Paderborn: Ferdinand Schöningh.

Yerkes, Mara; Veen, Romke van der (2011). Crisis and Welfare State Change in the Netherlands. Social Policy & Administration (45/4), S. 430-444.

Yfantopoulos, John Nic. (2007). The Welfare State in Greece. In: Metaxas, A.-J. D. About Greece. Athen: Laboratory of Political Communication – University of Athen.

Zeit Online (2010). Kampf gegen den Zerfall der Währungsunion. (Zugriff am 31.05.2012: http://www.zeit.de/wirtschaft/2010-05/eu-gipfel-waehrungsunion-stabilitaetspakt).

Zeit Online (2011). China finanziert Portugal-Rettung. In: ZEIT Online, erschienen am 26.05.2011.

Zeit Online (2012a). Drohende Staatspleite. Griechische Parteien einigen sich auf Sparpaket. (Zugriff am 05.05.2012: http://www.zeit.de/wirtschaft/2012-02/griechenland-sparpaket-einigung).

Zeit Online (2012b), Zypern bitte EU um Finanzhilfe. (Zugriff am 26.06.2012: www.zeit.de/wirtschaft/2012-06/zypern-finanzhilfe-rettungsschirm).